くじ引き民主主義

政治にイノヴェーションを起こす

吉田徹

光文社新書

はじめに――政治のイノヴェーションに向けて

国民の代表となる人々を「くじ引き」で選んだらどうか――そういえば驚かれるかもしれない。そんないい加減に政策を決めてもらったら困る、素人にそんな資格や技量なんかあるわけがない、「選民（エリート）」を選挙という通過儀礼なしに選ぶべきではない等々。そんな反論が聞こえてきそうだ。

ただ、私たちは「民主主義」という政治体制と、その政治体制を支える「民主的な社会」という理念の中に生きている。民主主義や民主的と一言でいっても、それには様々な意味合いが込められている。それでも、民主主義とは何か、と問われれば、それは「共同体（地球、国、地域、家庭など）に関わることは、共同体の構成員（人類、国民、住民、家族など）の皆で決定し、そこで決まったルールは皆で従う」というものになるだろう。

民主主義をめぐる議論で参照され続ける古代アテネでは、アゴラ（広場）に数千人の市民（市民権を持つ18歳以上の男子）が集まり、そこでポリス（都市）についての討議と決定がされる最高議決機関「民会（エクレシア）」が、月に数回持たれていた。

古代ギリシャ史を専門とする橋場《はしば》弦《ゆずる》は、この民会の風景を以下のように記している。

> 市民たちは議場に入ると、思い思いの場所に席を占める。入場口には係員がいて、民会参加資格のない者が入場しないか目を光らせている。（略）演壇で議論が白熱している一方で、議場のあちこちでは弁当を広げる姿がみられた（略）議論が始まる。議論といっても、原則的には同じ議題について何人もの発言者（動議発案者）がいれかわりたちかわり演壇に上がって自分の意見を述べるにすぎない。いわば「モノローグの連続」である。（略）いくつもの提案が動議されたあとで、民衆はどの提案を最善と思うかについて、多数決で採決を行う。可決された提案は国民決議として成立する。これが基本的な手続きであった。
>
> （『民主主義の源流　古代アテネの実験』）

この民会で承認された提案を執行するのは「５００人評議会（ブーレー）」だったが、その任に当たる人々こそが、各地の10部族からくじで選ばれた30歳以上の男性たちだった。この評議会は、民会への法案の提出や財務、また外交に関する決定を行う行政部門に相当する。さらに、軍事、祭事、司法など重要な任を司《つかさど》る最高役職の「アルコン」など、多くの重要な役職がくじ引きで選ばれていた。

くじ引きによる民主主義は、風雪《ふうせつ》を耐えた。それから数十世紀がたった15世紀、イタリアの都市国家フィレンツェ共和国の中興の祖、メディチ家のコジモが逝去《せいきょ》した。統治者を失った同国の公会議は、政府の役職をくじ引きで選ぶことを決定し、１４６６年５月27日に市民４００人が宣誓式を行った。くじ引きによる役職の割り当てを認める法律には「都市は正当で民主的な政府を通じて統治されなければならず」「公共の事柄について市民は自由に議論し決定できなければならない」と謳《うた》われた。

もちろん、数万人規模の都市国家ではなく、最低でも数百万人を数えるようになった現代の国民国家では、アテネの民会のように、市民が顔を突き合わせて共同体の物事を決定することは現実的ではないだろう。いくらＩＴが発達したからといって、数百万もの人々が同じ時間に同じバーチャル空間にアクセスし、物事を順番に討議していくのは不可能だ。ＩＴを利用した政治参加では先進的な国として知られるエストニアのような国でも、インターネットを用いてできるのは選挙や国民投票の際の投票に限られており、共同体の決定にとって不可欠な討論や討議、熟議といったことが可能になっているわけではない。

　本書でみていくように、私たちが今日生きている民主体制や、そのもとで運営されている政治システムは、近代（概《おおむ》ね18世紀から20世紀初頭頃まで）に入ってその原型が出来上がっていった。ここでの共同体の意思決定は「議会」が主となり、20世紀初頭ごろまでは「教養と財産」を持つ人だけが投票でき（例えば日本で男子普通選挙が導入されたのは１９２５年）、その選挙で勝つことができるのは多くの場合、名望家や貴族だけだった。なぜなら、この「議会」の原型を遡《さかのぼ》れば、それは王の諮問《しもん》機関として、一部の社会階級しか代表しない議会にあるからだ。

　言い換えれば、今日私たちが慣れ親しんでいる民主主義は、選挙を通じて選ばれる「代表」を介した民主主義、過去2世紀ばかりの間に発展してきた「代表制（代議制）民主主義」なのだ。しかし、この代表制民主主義は、完全な形での民主主義ではない。

　しかも、この「代表制民主主義」は、今に至って様々な形で、傷《いた》み、劣化している。これからみていくように、民主主義の現行ＯＳたる選挙政治とその代表制民主主義は様々な問題を抱えている。アメリカでは、社会の分断が進んで議会が物事を決められなくなり、これが議会や政治家不信へとつながり、トランプのような民主主義の鬼っ子を生むことになった。トランプが分断を生んだのではなく、社会の分断こそがトランプを生んだのだ。ヨーロッパでは多党化が進んだことで安定した多数派形成ができなくなり、中にはベルギーのように1年以上も組《そ》閣《かく》に時間がかかったり、ギリシャやイタリアのように、既存政党を批判する左右ポピュリスト政党が連立政権を組んだりする事例が出てきた。イギリスでは、ＥＵ離脱についての国民投票に際して、残留派と離脱派がそれぞれの主張を先鋭化させた結果、社会の分断はますます深いものになってしまった。日本では政権交代が起きず、政策が硬直化し、これは新型コロナウイルス対策をめぐる迷走へと帰結している。そのためか、市民はますます、自国の政治家や政党を信頼しなくなってきている。21世紀に入って、先進国の政治不信は過去最高の水準に達している。かといって、私たちの政治システムを中国やロシアのような権威主義的な政治に置き換えるわけにはいかないだろう。日本に関していえば、それは自らが戦後歩んできた道を自らの手で否定することにもなる。

そうであれば、機能不全に陥っている代表制民主主義を補正し、修正するような形で民主主義それ自体にイノヴェーションを起こし、その潜在力を発揮させるような方法が模索されなければならない。その方策こそが「くじ引き民主主義（ロトクラシー）」なのである。

くじ引き民主主義は、遠い昔の話ではない。無作為抽出《ちゅうしゅつ》された一般市民による意思決定の方法には市民会議、市民討議、市民参審《さんしん》制、コンセンサス会議、討論型世論調査など、運営のされ方に応じて様々な名称が用いられているが、すでに多くの先進国で民主主義の実践方法として用いられるようになっている。本書ではこれらを一括してくじ引き民主主義と呼称しよう。

くじ引き民主主義は、決して荒唐《こうとう》無稽《むけい》な話ではない。先に紹介した古代アテネやフィレンツェ共和国のように、くじ引きで人々が選ばれ、彼らや彼女らが公的な重要な決定について意見を交わすという現実の営みは、現代になって、広くみられるようになっているのだ。詳しくは第2章でみることになるが、すでに少なくない国で、新しい自治体の政策から憲法の制定に至るまで、文字通り「くじ引き」で選ばれた一般の市民が参加し、彼らや彼女らの話し合いによって決められるようになっているのだ。

より控えめな形ではあるが、くじ引き民主主義は日本の各地でも実践されている。ただ世論の関心が集まらないこともあってか、日本でのくじ引き民主主義についての議論は、自治体の行政研究という学問領域での紹介や、どのように実践するのかという方法論、あるいは民主主義においてそれがいかなる意味を持つのかという政治理論に集中してしまっている。他国の事例や現実政治における意味を明らかにしつつ、実践と規範の間をつないでくじ引き民主主義の持つポテンシャル（とその限界）を示したいというのが、本書の目的だ。

くじ引きで政治を行うことの意味はどこにあるのか――それは、くじ引きが「偶然」によっていることだ。世の中は、個人でも組織でも、役割や機能に応じて組織され、動き、統御されている。個々人は社会に有益かどうか、どの程度の能力を持つかで値踏みされる。しかし、それは今の世の中を前提とした役割や機能、価値でしかない。地政学的変動やパンデミック、先進国の制度疲労を含め、数多くの不確定要因が増大する中で、これまで社会や国を構成してきた要素を組み替え、新たなシナジーを引き起こし、既存のものと異なる知恵や処《しょ》方箋《ほうせん》が引き出されなければならない。そのための「偶然」を人智《じんち》によって引き起こすことを目指すのがくじ引きの哲学なのだ。

もちろん、くじ引き民主主義が有効に機能するためには、いくつかの欠かせない条件もあるし、何にでも通用する万能の民主主義でもない。デジタル・デモクラシーやネット投票が叫ばれる時代にあって、対面と議論と熟慮を核とするくじ引き民主主義は、いかにも時代遅れに見えることだろう。しかし、そのスローな感じとぬくもりは、個人主義とスピードが優先される現代においてこそ、必要なものなのだ。そして温故知新《おんこちしん》、現代の民主主義が上手く機能していないのであれば、人類が歴史上すでに経験した異なる形の民主主義に範《はん》を求めて、その足りない部分を補えるようなイノヴェーションを起こせばよい。そもそもくじ引き民主主義は、おそらくもっとも根源的な民主主義に近いものなのだ。なぜならそれは、あなたや私を含むみんなが平等な条件でもって、共同体の意思決定に参加することができる民主主義だからだ。

くじ引き民主主義／目次

第2章　増発する「くじ引き民主主義」——65

第1章
作動しない代表制民主主義

21世紀に入って世界は大きな政治変動に見舞われている。イギリスのＥＵ離脱、トランプ大統領の選出、西ヨーロッパ諸国での極右ポピュリスト政党の「第三極化」、トルコやハンガリー、ロシアといった選挙を実施しつつも三権分立と異議申し立てを抑圧する競争的な権威主義体制の定着、中国のＡＩを用いた統治技術の「デジタル・レーニン主義」の出現などは、その象徴的な事例といえる。

これらはそもそもなぜ生じているのか。その背景には、深刻な形で進行している現在の先進国の民主主義のＯＳである選挙を通じた代表制民主主義がもはや機能していないことが挙げられる。ここでいうところの代表制民主主義とは、主権者が代表者たる政治家を選挙で選ぶ仕組みを持つ民主主義のことだ。この仕組みは、「そもそも国政は、国民の厳粛な信託によるものであつて、その権威は国民に由来し、その権力は国民の代表者がこれを行使し、その福利は国民がこれを享受する」と、日本国憲法前文で端的に説明されている（日本国憲法はこの仕組みが「人類普遍の原理」とさえしている）。選挙を起点として、主権者は政治家を選出する。これら政治家は官僚を使って主権者のための法律や政策を作るという「権威→権力→福利」のサイクルが、この民主主義の基本動作である。しかし、このサイクルは今では完全に目詰まりを起こしているのだ。

それゆえに、くじ引き民主主義という、異なる民主主義が模索されなければならない。くじ引き民主主義の具体的な実践例は第2章で詳しくみることにして、本章では、代表制民主主義の機能不全とその構造的背景を指摘するとともに、くじ引き民主主義に対置させてみよう。

高度政治不信社会

世界各国の民主主義の度合いを定期的に調査しているイギリスの調査会社ＥＩＵは、２０１６年にアメリカをそれまでの「完全な民主主義」から「欠陥のある民主主義」へと格下げした。これは２００６年に同調査が始まってから初めてのことで、２０２０年になってもアメリカのランクはそのままになっている。ちなみに調査が行われたのは、トランプ当選以前のことだから、同氏が大統領になったこととは関係がない。ＥＩＵの調査では、アメリカの各世論調査でアメリカ市民の政治への信頼が過去最低になったことが格下げの主たる要因になったとされている。

全ての民主主義がそうであるように、代表制民主主義でも、政治への信頼は不可欠な要素だ。なぜなら、代表制民主主義は、有権者が自分たちの代表者に自分たちの権利（自然権）

の一部を預け、彼らが共同体にまつわる様々なことを自分たちの代わりに決定することを委任することで成り立っているからだ。政治学では「プリンシパル（主人）―エージェント（代理人）関係」などというが、つまりは「主人」たる有権者が「代理人」たる政治家を使うことで、代表制民主主義は作動する（ただ、局面によっては、政治家が「主人」になってしまうこともある）。

そこで、もし「主人」が「代理人」を信頼していないとしたら――実際、イギリスやフランス、イタリアといった政治不信の強い国では、近年、国民の6割前後が「政治家は自分のような人間を顧《かえり》みていない」と回答している。21世紀に入ってから、「議会を信頼しない」とする各国市民の割合は増加傾向にあり、アメリカでは8割以上に達している（**図1**）。「代理人」に裏切られたと感じた「主人」は、彼らを厳しく罰したいと思うことだろう。だから、「インサイダー」や「既得権益」を批判する素人的な政治家、すなわちポピュリスト政治家が支持を集めるようになっているのだ。

政治不信は、諸外国と比べて政治が相対的には安定しているようにみえる日本でも、高止まりしている。

シンクタンク「言論ＮＰＯ」の調査によれば、国会を「まったく信頼していない」もしく

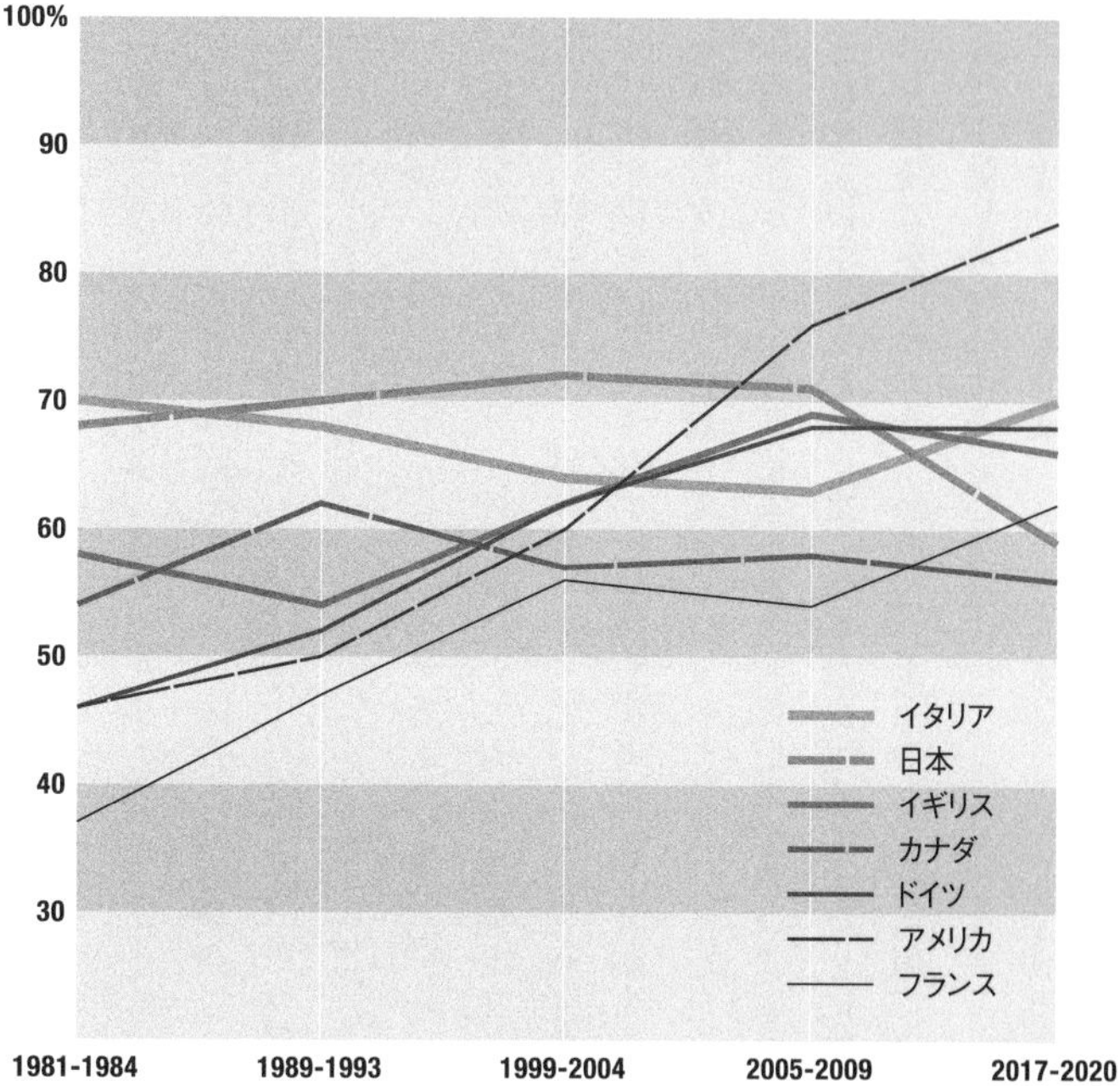

図１　「議会を信頼しない」とする市民の割合

「世界価値観調査」より作成

は「あまり信頼していない」とする有権者は61％に達しており、地方議会に対しても、同じように感じている有権者は49％に及ぶ（**図2**、２０１９年5～6月実施）。天皇や首相、企業、メディアなど、日本社会の重要な制度や主体で、国会・地方議会以上に信頼されていないのは「宗教団体・組織」のみである。この調査では、「政治家は自分たちの代表なのか」も尋ねているが、これに対しては合わせて45％が「まったくそう思わない」「どちらかといえばそう思わない」と回答している（わからないとする者13・5％）。つまり、約半数の「主人」たちが、政治家は自分たちを代理するのに相応《ふさわ》しくないと判断していることになる。

　他の世論調査でも、議会や政党、政治家、中央官庁といった民主主義が機能する上で重要な役割を果たすべき組織を信頼できないとする有権者は7～8割も存在しており、これは民主政治における深刻なダメージとなっている。

　もちろん、国政を預かる議会や政治家を無批判に信用すればよいというものではない。権力を警戒し、これを監視することもまた、健全な民主政治のためには必要なことだからだ。しかし、問題は、有権者から権力を預かる担い手そのものを信用できなければ、代表制民主主義というＯＳは作動し得ないということだ。

　確かに、国会に議席を持つ政治家が無駄で不要な公共行事を強要したり、地元に利益誘導

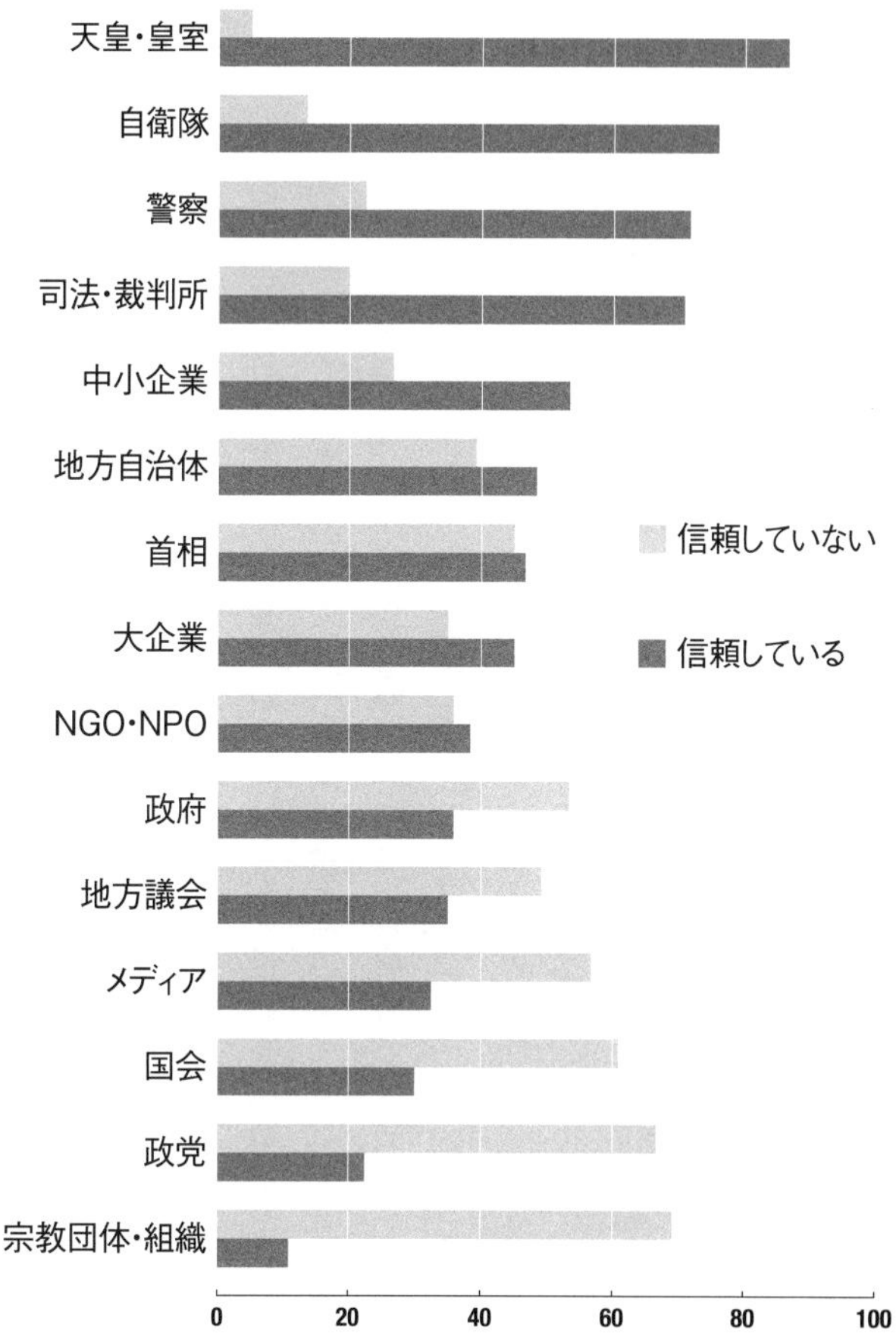

図２　日本のどの機関を信頼しているか（言論NPO世論調査）

したり、選挙で勝つために汚職に手を染めたりすることはあるだろう。こうした行為があれば、定期的に行われる選挙を通じて、議員を落選させたり、司法の手に裁きを委ねたりすればよい。しかし、「代理人」が正しく働かないという事実と、彼らがそもそも人として端《はな》から信用できない、ということは別次元で考えられるべきだ。言い換えれば「代理人」が「どう働いているのか」ということと、「信頼しがたい」のかとは（それが分かちがたいものだとしても）、切り離して考えるべきなのだ。「政治とは結婚生活のようなもの」といってのけたのは、シャットシュナイダーという政治学者だが、例えば自分の夫が浮気をしたり昇進できなかったり、子どもが宿題をさぼったり受験に失敗したり、親が毒親だったり夜ご飯を準備しなかったりしても、そうした行動を責めることと、その存在を端から否定するのとでは、その後の関係は大きく変わってくるだろう。代表制民主主義とて、同じことだ。

では、各国で政治不信はなぜ高まっているのか――この問題については、数多くの研究や分析が費やされてきた。ここでは３つの主要な説明を要約してみよう。

ひとつは、一般市民の批判意識の高まりだ。これは、戦後のベビーブーマー世代が豊かで平和な社会に育ち、高等教育を受けるようになったことで、自分の運命や人生を自ら決められるよう要求し、これに既存の統治制度が対応できずに、政治的な期待に応え切れていないとするものだ（政治学者ピッパ・ノリスに代表される「政治的期待」仮説）。

　別の視点からのもうひとつの説明は、政治の実際のパフォーマンスの悪さに理由を求めるものだ。先進国では、１９７０年代の石油ショックを機に高度経済成長時代が終わり、所得や消費水準、社会保障充実などの右肩上がりの拡大が減速するようになった。先進国の平均経済成長率は１９８０年代におおよそ４％台から１９９０年代に３％台へと落ち込み、２０００年代には２％台で推移している。成長が鈍化すれば、その分、歳出も絞られることになる。このように考えた時、市民の経済上の期待に応えられないからこそ、政治不信が高まっているということになる（政治学者シーモア・マーチン・リプセットに代表される「経済的期待」仮説）。

　３つ目の説明は、国の政治というよりも、社会の在り方が変化していることに政治不信を求める考え方だ。「社会関係資本」というが、社会が相互扶助のネットワークで成り立ち、市民相互の信頼関係をもとに、様々な中間組織（地域、労組、教会、クラブ、町内会など）によって人々が結びついていれば、自分たちの意見は共同体に反映され、自分たちがその一員であるという感覚を持ちやすい。しかし、社会の流動化や都市化、個人的意識の発達、さらにインターネット社会の発展は、こうした有形無形の人々の結びつきを断ち切ってしまう。

そうすると、自分たちの意見や主張がどのように聞き入れられ、それが政策へと転換されるのかがわかりにくくなってしまう。その結果、政治不信が高まるという見方だ（政治学者ロバート・パットナムに代表される「社会関係資本減退」仮説）。

政策の実効性を低める不信

次章では、くじ引き民主主義が政治的期待と社会関係資本の減退に対する有力な処方箋たり得ることを示すが、ここでは「政治的期待」「経済的期待」「社会関係資本の減退」のいずれが政治不信の最たる原因なのかを探ることが目的ではない。強調したいのは、民主主義が円滑に機能するためには、「代理人」への信頼が不可欠であるという事実だ。民主的に選ばれた政府や国家が決定した事柄が、その内容に関係なく、それを決定した主体が信用できないのだとすれば、国民が受益することのできる政策はそもそも機能しないのだ。

２０１９年末から世界を覆った新型コロナウイルスのパンデミックは、そのよい例だ。専門家のアドバイスに基づいて、緊急事態宣言やまん延防止措置が政治家によって決定されたとして、その判断を下す主体が信頼できないのであれば、その政策に従わなければいけないという意識は生まれない。とりわけ新種の感染症のように、一般市民はおろか、専門家でも十分な知見を持っていないような問題の場合、その判断を下す主体への信頼こそが政策を有効にする鍵だ。もし、提言が聞き入れられず、個々人が勝手に行動してしまえば、ウイルスの蔓延という事態が防げなくなるからだ。

高度に専門的な知識が必要な政策だけでなく、将来のある特定の時点で生じるかもしれないと予見される状況に対処する政策でも、構図は同じだ。環境問題、社会保障財政、外交安全保障などがそうだが、誰しもが確実にはわからない未来に向けて、現時点において、どのように行動し、判断するのが適切かという方針が信頼できなければ、課題そのものが解決されないことになる。リーダーの示す地球温暖化を阻止するために求められる行動変容が、共同体の構成員に納得を得られず、従ってもらえなければ、温暖化は現実のものとなってしまう。共同体の在り方を決める代表たちの示す道が間違っていると判断されれば――しかもその判断の確実性を図ることが難しい課題はますます増えている――政策は無効になってしまうのである。

高まる党派的分断

社会の分断も、代表制民主主義を機能不全に陥らせる。アメリカでトランプ大統領が、ヒスパニック系やイスラム系市民への侮蔑《ぶべつ》的発言を繰り返し、リベラル系メディアを攻撃し、さらに新型コロナウイルスの脅威を過小評価しても、これに少なくない支持が集まったことは、同国のいわゆる「分断」を改めて印象付けるものだった。

「分断」という言葉は、日本のメディアでも瞬《またた》く間にキーワードとなったが、これは何もトランプ大統領がもたらしたものではなく、それ以前からアメリカに深く根を下ろしていたものだ。共和党支持者と民主党支持者は、出生環境、ライフスタイル、学歴、居住地などですでに大きく分かれていたが、対立が顕在化したのは１９９０年代のことだ。

まず、移民増加に伴って人種による党派性が強化されていった。多くのヒスパニックやアジア系移民が民主党支持者となったことで、今度は共和党が白人層に集中して支持基盤を求めるようになった。宗教も影響し、大きな影響力を持つ福音《ふくいん》派が共和党支持で固まるようになった。

さらに両党ともに、自党が有利になるような選挙区割り（「ゲルマンダリング」）を進めたため、選挙区内の多様性が失われ、候補者は中庸《ちゅうよう》で穏健な態度よりも、自党支持者に受けのよい政策やスローガンを繰り返すようになった。今では、アメリカの二大政党による「分極化」や「部族化（トライバル化）」が当たり前のこととして語られるようになった。

こうして、議会のあるワシントンでは、１９９０年代から「分割政府」、すなわち大統領と上下両院の多数派が異なるという状況が状態化し、これに伴って両党が予算案等で合意できず政府機関の閉鎖（ガバメント・シャットダウン）が生じるようになった。両党間の対立に呼応するように、有権者の側も世論調査で共和党支持者、民主党支持者のイデオロギー的距離は拡大していき、人工妊娠中絶の是非、人種的・性的少数者への差別、死刑などの政策で、全く異なる志向を持つようになった。パンデミックにあっては、マスクを着用するかどうか、ワクチンを接種するかどうかの是非についてでさえも、共和党支持者と民主党支持者の間には態度に大きな違いが生まれるほどに、である。

アメリカの分断は、同国の多様性や政党の戦略によるところが多い。それでも、ヨーロッパ各国でも政党制の多党化と分極化が進んでおり、選挙での保革二大政党の得票率は減少、代わって右派・左派ポピュリスト政党や緑の党、リベラル政党などの間で有権者の支持が分散する傾向にある。

確かに、複数の政党が議席を求めて競い合うのは、民主政治が健全に機能していることの証左でもある。しかし他方で、民主政治には最低限合意できる価値に基づく共通のルールを尊重し、互いの意見を認め、自らの敗北を一時的にでも認めるという寛容と相互承認の精神がなければ、「自分たちのことは自分たちで決める」という民主主義の「自分たち」が分裂してしまう。トランプ大統領が当初から吹聴《ふいちょう》し、多くの共和党員が未だにそう信じているように、２０２０年のアメリカ大統領選が不正に行われたといったように、民主的な決定のためのルールそのものを非難するような事態になると、代表制民主主義は機能しなくなってしまう。

　また、やはりトランプが広めた「フェイク・ニュース」という言葉に見られるように、確実な情報は存在しない、物事はみる立場によって異なるという見方が広がってしまうと、公共的な事柄について共同で決定することは、極めて難しくなってしまう。確かに、政治信条や価値観によって判断基準は違うだろう。しかし、そうした差異をすり合わせること、つまり相手を説得するとともに、相手から説得されて、初めて共同的な決定が可能になる。互いに共有できるものが客観的な事実や根拠を作り出し、これに基づく決定であるからこそ、相互の合意は尊重されることになるからだ。

　このことは、議会に陣取る党派によらない、客観的に検証できる情報に基づく意思決定が求められていることを意味している。党派に基づく意思決定による一方的な政策の遂行《すいこう》は、他方の敗北を意味するから、政治での勝ち組と負け組を生み出し、相互の憎悪を搔《か》き立てかねない。あるいは、党派対立が強すぎると、仮に合理的な政策であっても、それが対立する政党の政策というだけで、反対派から強い非難や不満を呼び起こし、結果として政策として有効性を持たなくなってしまう可能性もある。

くじ引き民主主義は、このような党派的な競争と対立とは異なる次元に置かれる民主主義だ。それは、最初から党派的対立を前提とせず、特定の課題に対してどのような合意を導くことができるのかを目的とした民主政治の方法だからだ。

もちろん、くじ引きで選ばれた議員が、特定の党派心を持っていることはあり得るだろう。しかし、合議の場で、その人間と同じ党派性を持った人々が多数派となるわけではなく、必然的にその党派性やイデオロギー性は中和されることになる。分断が進む社会において、くじ引き民主主義は解毒剤となるポテンシャルを秘めている。

代表制民主主義の限界①——時間的な制約

議会制民主主義が作動しない——これ自体は不幸なことだろう——理由を政治不信と党派的分断に求めたが、それ以外の機能的側面からみても、今の代表制民主主義は大きな制約を抱えている。以下では、**時間**、**空間**、**非対称性**をキーワードとする３つの制約を指摘してみよう。

　ひとつは、代表制民主主義（以下「代表制」）が、定期的な選挙を起点と終点にしていることだ。自由で公正な選挙が定期的に行われ、複数の政党によって議席獲得のための競争がなされることは、代表制の欠かせない条件のひとつだが、これは選挙時の公約や約束に政策が一定程度、拘束《こうそく》されることを意味する。教科書的にいえば、選挙を迎えて特定の政党（候補者）が特定の政策を掲げて与党の座に収まれば、国会任期中にその政策が実現されていく。そして、その政策の達成度合いや是非に応じて、次の選挙で有権者は引き続きその政党や候補者を支持するかどうかを決める、というサイクルになる。

　もちろん、日本のようにひとつの政党が長く政権の座に留まれば、政策の継続性は強くなるが、それでも毎回選挙を戦わなければならないのだから、有権者に対して新しいアピールを常にしていく必要が出てくる。安倍政権でいえば、２０１２年の選挙は与党復帰が目標に据えられ、２０１４年では消費税を上げないこと、２０１７年には北朝鮮の脅威や少子高齢化といった争点が選挙で訴えられた。この間、アベノミクス、地方創生、女性活躍、一億総活躍、人づくり革命、働き方改革等々、様々なスローガンによって政策が動員されてきた。省庁に付けられる予算もそのたび、変動することになる。

しかし、最長でも任期が４年の日本の衆院では、この任期内である程度成果のみえる政策が政治的には優先されることになる。しかも任期満了での解散は極めて稀《まれ》であり、実際の平均任期は３年以下とさらに短い。加えて、政党は参院選にも目配りをしなければならない。衆参多数派の異なる「ねじれ国会」は政策執行のハードルを上げることになるからだ。

日本以外の議会制民主主義国でも、ほとんどの国の下院の任期は５年だ。その他にも地方議会選、ＥＵ加盟国の場合は欧州議会選、任期４年のアメリカ大統領は２年ごとに中間選挙（上院議員３分の１と下院議員の選挙）がある。言い換えれば、定期的な選挙があること、という自由民主主義の原則から、先進国ではひっきりなしに選挙が行われている。

頻繁《ひんぱん》に選挙があるということ自体は悪いことではない。選挙のたびに為政者や私たちの代表たる代理人の成績を評価し、それに不満があれば落第（＝落選）させたり、契約先を変えたりする（＝政権交代させる）ことができるからだ。

ただし、負の側面もある。それは、この数年という短いサイクルに政策がどうしても惑《まど》わされてしまうことだ。言い換えれば、政策の射程がそれだけ短期的になり、長期的視点からの重要な政策に取り組めないのである。

例えば、５年５ヵ月という、安倍政権に次ぐ長期政権だった２０００年代の小泉政権を思い出してみよう。小泉政権による政策としては、財政諮問会議による政策立案や郵政民営化、有事法制の制定などが思い出されるだろう。いずれも当時の政界やメディアを大きく賑わせ、中でも郵政民営化は衆院解散につながったばかりか、自民党から多数の離党議員を出して、その後の同党の趨勢《すうせい》にも影響を与えた政策だ。

しかし、これらのうち、今日に至るまで大きな成果をあげたものは何があるだろうか。経済財政諮問会議は「骨太の方針」でもって、経済財政政策をそれまでの財務省主導から官邸主導に移すことに成功したが、民主党政権を挟み、安倍政権下で成長戦略会議や未来投資会議（後に廃止）、産業競争力会議、規制改革会議、日本経済再生本部といった経済政策に関する会議が乱立するようになり、存在感を低下させている。

郵政民営化によっても、当時喧伝《けんでん》されたように財政赤字の大幅減が実現したわけでもなければ、逆に反対派が主張したように郵便局の利便性が減ったわけでもない。２００５年の郵政解散の際の自民党公約には「郵政民営化で景気回復！」「郵政民営化で社会保障充実！」「郵政民営化で地方経済の立て直し！」「郵政民営化で安全安心社会の維持！」「郵政民営化で戦略的外交の推進！」という文字が躍ったが（本当のことだ）、果たしてこれらはどこまで達成されただろうか。しかもあまりにも大きな反対があったため、２００９年に発足した民主党政権は、ゆうちょ銀行やかんぽ生命の株式売却を遅らせる一方、郵政事業と郵便局を合併させるという妥協策をとり、それが現在に至るまでの組織ガバナンスの問題につながっていると指摘されている。

やはり小泉政権下で議論となった有事法制（武力攻撃事態対処関連3法ならびに有事関連7法）は、戦争が起きた場合に日本側の対応のための法整備が中心とした内容だったが、安倍政権のもとでは、これよりもさらに踏み込んだ平和安全法制整備法案が成立している。

誤解のないように書くと、ここではこれらの政策の是非を述べているのではない。そうではなく、時々の政権の支持率や選挙結果を左右するような政策に政治と有権者が振り回されるあまり、それ以外の重要な課題について、時間的な制約から政治は取り組むことができないことが問題なのだ。ある政権の任期、あるいは議員の任期の中で解決できないような問題は議論や政策の対象として取り上げられず、他の課題を大きいものにしてしまう。

例えば、教育機会の不平等の問題、経済的不平等の問題、気候変動問題、持続可能な社会保障の問題などは、数十年間、数世代をかけてでしか解決できない国家的課題だ。確かに、年金問題などは選挙で取り上げられることはあるが、それは時の政権の失政を非難する場合や、増税の是非を議論する中で取り上げられるだけだ（「消えた年金問題」や「老後2千万円問題」など）。こうした論点は世論の関心が高いだけに、マスメディアが後追いし、これが争点を逆に絞らせてしまうことになる。

日本の社会保障費支出は１９９０年と比較して２０１９年には約３倍へと増加、さらに２０４０年には現在の２倍程度にまで増えると試算されている。財源を安定的に確保するためには、増税か給付水準の削減（あるいはその両方）しかないが、しかし選挙を戦わなければならない政治家がこうした不人気な政策を正面から訴えることはできないだろう。

現下の代表制と政党間競争の仕組みの中では、こうした長期的な課題や、問題の複雑さから選挙民の十分な注意を引かなかったり、理解の難しい問題を俎上《そじょう》に載せたりすることは極めて困難だ。これは代表制民主主義の抱える構造的な問題である。政治家は選挙と選挙の間でしか、活動できない。「時間」は政治にとって貴重かつ限りある資源だ。次の選挙があるために、政権は自らに不利になるような政策に着手する誘因を持たない。政治家は目の前の選挙に勝つことに精一杯になり、マスメディアは耳目を引く争点の報道に躍起《やっき》になり、有権者は向こう数年先のことを考える余裕すら与えられない。

だから、代表制とは異なる時間サイクルと時間軸で機能する民主主義――それがくじ引き民主主義だ――が必要になってくるのだ。

代表制民主主義の限界②——空間的な制約

さらなる制約要因は空間的なものだ。

代表制の起源を遡れば、それが王政と近代国家形成の歴史と不可分であることがわかる。議会制民主主義発祥の地として知られるイギリス議会の歴史は古い。原型は13世紀イングランド議会にあるとされるが、これはそれまで「大評議会（The Great Councils）」と呼ばれる、司教や貴族といった、王の諮問機関が発展していったものだ。あるいは、１７８９年にフランス革命が起きるきっかけとなったのは、ルイ16世が増税を認めさせようと「三部会（貴族、聖職者、平民からなる議会）」を召集したところ、提案が拒否されてこれを散会させてしまったからだが、この三部会はその後、場所を変えて憲法制定会議となり、これはそのまま国民議会へと発展していった。

多くの国では、こうした特権階級（「教養と財産を有する男性」）が占めていた議会の門戸が徐々に開かれていき、19世紀後半頃から男子普通選挙が実現していくことになる。階級によらない政治的な代表権が広く認められるようになったのも、１８７１年に発足した帝政ドイツがそうであったように、国民国家を形成する目的があったからだ。それゆえ、代表制は、あくまでもナショナルなものを基盤にしている。いうまでもなく、議会で発議され、検討され、投票に付される内容は、その国の市民と領土に係わるものであることが大前提である。つまり、代表制民主主義は王や皇帝が独占していた「国家主権」を前提とした、非民主的な制度を前身にしているのである。

従って、今日のようにグローバル化が加速度的に増し、1年間に1兆ドル以上もの資本と、20兆ドルもの財・サービスが、そして3億人弱もの人々が世界を自由に移動するような時代を迎えると、国家が国内で決定した事柄であっても、その有効性は相対的に薄れてしまうことになる。

もちろん、国家が全く無力になったわけではない。依然として、国家はその領域に住む人々の生殺《せいさつ》与奪《よだつ》権を持つ主体であることは間違いない。しかし、「グローバル・ガバナンス」の必要性がつとに指摘されるように、環境問題、移民・難民問題、感染症対策、資本市場の安定、エネルギー問題、多国籍企業への課税、はたまたＧＡＦＡＭ（Google、Amazon、Facebook、Apple、Microsoft）に代表されるプラットフォーマーの活動をどう規制するのかといった問題は、少なくとも一国単位で解決することができなくなっていることは確かだ。

グローバル化を前に国民国家を単位とする代表制が無能化する一方、その国民の要求にも無力化しつつある。市民の不満や困窮、生活を送る上での障害を取り除くのに、現代の官僚制はあまりにも縦割りにすぎ、複雑になりすぎている。例えば、軽度の知的障害を持つ子を抱える働くシングルマザーといった「新しい生活困難層」の生活上の困難を取り除くには、市役所の保護課、児童相談所、民生委員、ケースワーカー等々、行政の様々な部署や人々が連携しなければならない。しかし、近年の痛ましい児童虐待の例をみてもわかるように、ワンストップで有機的な対応を可能にする制度はなかなか実現しない。

さらに、個々人が困難を抱える理由も多様化しているため、全てに一律的に対応することも難しくなっている。例えば、政府や自治体は、所得の再分配から介護、就労支援、果ては婚活支援までに至る個人生活の様々な領域に対処しなければならず、さらに孤立や孤独といった、極めて実存的な問題に関わる新たな社会問題にも対処を迫られるようになっている。そして、社会の進展――個人意識・権利意識の拡大、家族形態の多様化、情報消費の活性化、新たなに知覚される生きづらさ等々――から生じる新たな課題は、NPOや支援組織といった市民社会での協力がなければ、解決できなくなっている。こうした民間の非営利組織によって構成される第三セクターの経済規模は、アメリカのGDPの10%（被雇用者総数の10%は製造業とほぼ同数）、西欧諸国の5%、日本の3%程度に上ると推計されている。

現在の政府は生活の大問題を解決するには小さく、生活の小問題を解決するには大きすぎる、と指摘したのは『イデオロギーの終焉』などの著作で知られる思想家ダニエル・ベルだ。そして、代表制民主主義はその出自から、大きな空間で生まれる問題たるグローバル化、小さな空間で生まれる問題たる人々の人生の問題に挟まれて身動きが取れないままでいるゆえ、信頼を失いつつある。

くじ引き民主主義が、これらの問題に対する完全な解答になるとは言わない。しかし、次節で強調するように、くじ引き民主主義の特質は、選挙の圧力に晒《さら》されず、思い込みや先入観を排除した形で集められた市民同士の討議によって、特定の問題についての、特定の解決策を模索することにある。グローバルな問題群に対しては、その当事者や利害関係国となる国の市民をくじ引きで抽出して、地域的な協議体を作ってもよいだろう。もしこのまま自動翻訳の開発が進めば、インターネットを介して、人々が共通の課題を討議することは十分に可能だ。欧州ではすでに、ＥＵの欧州議会に次いで、欧州市民をくじ引きで選んだ議員から構成される第二院を創設するような提案が研究者から出されている。アジアでも、言語や文化の壁はあっても、ＡＳＥＡＮといった既存の地域機構を単位としたくじ引き民主主義が構想されても悪いことはないだろう。これによって、アジアという地域的特性を作り上げていくこともできる。

何よりも、くじ引き民主主義は、国民国家を基盤にしている代表制に代わって、問題に直面する当事者たち、つまりステークホルダー（利害関係者）であれば、誰でもそこに加わる資格が与えられるものなのだ。

また、くじ引き民主主義は、国内の地域的な課題においても、より身近な協議体を形成するために活用できる。これまでみてきたように、くじ引き民主主義は、全ての問題を一手に引き受けて討議するのではなく、具体的な課題について万人が納得できるような解決法が何であるか、討議によって方針を諮《はか》ることを目的に用いられる手法だ。個人の孤立（孤独死や児童虐待、ヤングケアラーの問題等）、人間・職場関係から生まれている問題（心の病やハラスメント等）、あるいは地域の再建（税の使途やインフラ整備等）については、行政のほか、これまで当事者やその関係団体が主体となって取り組みがなされてきた。しかし、こうした問題は、社会全体の課題であり、そうした問題に強く直面する地域全体で考え、解決方法が模索されて然《しか》るべきものでもあろう。ここでも、くじ引き民主主義はその潜在力を発揮するはずだ。

代表制民主主義の限界③——非対称性

代表制の抱える第三の制約は、これが国民や市民を原理的に「代表」しきれないことにある。それは、「代表する者（議員）」と「代表される者（有権者）」との間に、大きな非対称性が存在することを前提とした仕組みだからだ。

もっともわかりやすい非対称性は、議員と有権者の属性だろう。議員が「選民」であるならば、当然ながら、その社会の一般的な人々と異なる属性を持っている可能性が高い。それは、庶民から選ばれる政治家が、もはやひとつの職業になっているからでもある。社会科学の巨頭マックス・ウェーバーはかつて「政治のために生きる者」と「政治によって生きる者」とを区分けして、後者を軽蔑したが、地縁・血縁あるいは地盤（支持組織）・カバン（資金）・看板（知名度）のない一般市民が政治家になることは、ますます難しくなっている。

日本では、他先進国と比べて女性の国会議員が圧倒的に少ないということはつとに知られるようになったが、政治家と国民の間で非対称性があるのはジェンダーだけではない。

自民党の衆議院議員（２０００～２００９年の会期を対象）を対象とした場合、その約35％が50代（日本人全体の構成比では2割弱）、前職は官僚出身者が約2割を占めていた。ちなみに当該時期の議員の約9割が男性だった。ある研究によると、こうした自民党代議士と同じプロフィール（職業、年齢、性別）を持つ有権者は約５％しか存在しないという。また、自民党議員は、一般有権者と比べてより保守的・右派的な志向を持っているという複数の調査もある。さらに同党議員の約３割は世襲《せしゅう》で、親族が政治家であったとする者を含めればその割合はさらに高い。もちろん、こうした一般有権者との属性の乖離《かいり》は自民党だけに限らず、労組出身者や市民活動家を多く候補者にしている立憲民主党や共産党にも当てはまる。

一般有権者と議員の平均的プロフィールが異なるのは多くの国に共通している。アメリカの下院議員５３５名のうち、その８割強は白人男性であり、半数は弁護士ないし企業出身者だ。ちなみに、所得でみるとうち１３０人が２００万ドル以上と、国民平均値の約４倍も高い。これは議員報酬以外に企業での役職についていたり、すでに資産を持っていたりするためだ。

もちろん、こうした属性の違いは、政治家が「選民」であるならば、許されるべきものだと考えることはできる。立候補するのには、多大な資金（供託金《きょうたくきん》や選挙広報資金）を用意できる人だけが立候補できるという条件はあるが、そもそも、様々なリスクを承知で政治家を志すこと自体、一般市民の選択肢には入らないだろう。

それでも、属性の違い以外にも、代表制は大きな非対称性を抱えている。それは、代表制が有権者の関与を十分に引き出したり、政策決定の透明性を約束できたりしないことだ。「情報の非対称性」という言葉が経済学にある。これは契約当事者間で持っている／アクセスできる情報に差があると、片方が有利になるため、市場の機能が損なわれるとするものだ。代表的なものとしてよく知られるのは、中古自動車の売り手と買い手の例だ。売り手は中古車の状態を把握している一方、買い手は見た目以上の情報を入手できないため、結果的に、不誠実な売り手であれば、市場よりも割高な価格で販売することができるからだ。

では、政治家と有権者の間にある情報の非対称性とは何か。ひとつは、選挙の時に顕著になる非対称性だ。候補者は自らの政策、場合によっては自らの実績や性格などをアピールして、有権者の歓心を買おうとするだろう。しかし、そもそもそれがどこまで真剣なものなのか、本当に実行してもらえるものなのかは、有権者側からはわからない。例えば、コロナ禍に乗じて市民に10万円の一律給付を約束して関東圏での市長選に勝利した候補者が実際にいたが、当選した後に、これは市の給付金ではなく、国が当時決定した特別給付金について述べたものであり、市独自の施策ではないと弁明する出来事があった。これなどは、おそらく代表制の有する非対称性を悪用して当選した事例だろう。

仮に公約が適切なものだとしても、そこに掲げられた政策をどれくらい真剣に実行する気があるのか、そのための実行力があるのかどうかは、本人以外は知る由もない（本人にもわからないこともあるだろう）。代表制は構造的に政治家の公正な評価を有権者が下すことを許さない仕組みになっているのだ。

もうひとつの非対称性は、市民が議員の活動を十分に知ることができない、ということだ。確かに、選挙時には候補者は有権者と接し、様々な約束をし、その志を知ってもらおうとするだろう。しかし、ひとたび当選してしまえば、その活動の逐一《ちくいち》を選挙区の有権者に知らせなくてもよくなる。後援会に所属している支持者や関心のある有権者であれば、メールマガジンや広報紙などで活動を知ることができるが、それも支持し続けてもらうため、活動のごく一部が伝えられるにすぎない。自分の活動のよい部分は過大にアピールされるが、都合の悪いことが率先して伝えられることはないだろう。そもそも、自分の選挙区の政治家であっても、当選した後にその議員が国会のどの委員会に所属し、どのような役職を果たしているかを知っている有権者はごく少数だ。代表制のもとでは、有権者は政治家の行動を監視し続けることができないようになっているのだ。

もちろん、こうした構造的な欠点は、政治家だけに責任が帰せられるわけではない。有権者が政治に関心がなかったり、政治家に説明責任を求めたりしなければ、彼らは自分を熱心に支持し、忠実でい続けてくれる有権者や業界団体のための代理人として振る舞うことになるだろう。クラウス・オッフェという政治学者は、こうした政治家と市民との間の関係を銀行と預金者との関係に例えている。曰く、政治家は人のお金を預かりながらそれを自由に投資できる銀行であり、市民は自分の大事なお金を預けるものの、その使い方について口を出すことができないという意味で同じだ、と。

反対に、くじ引き民主主義は、代表制の構造的な制約からくる「代理人」と「主人」との間の不可避的な非対称性とは無縁だ。まず、属性から来る非対称性は、母集団をもとにしたいわゆる「ミニ・パブリックス」(69頁で後述)が選ばれるため、共同体の合わせ鏡となる場所が作られる。情報の非対称性についても、選ばれるのは普通の有権者と同じような人々であり、しかも必ずしも自らの意思でもって議員になるわけではないから、その能力や意図を隠す必要がない。選挙で当選する意思がないのだから、無理に競争したり、できない公約を掲げたり、自らを偽る誘因がそもそも存在しないのだ。さらに、くじ引き民主主義では、それが素人による活動であればなおさらのこと、透明性と公開性の原則のもとで運営されるのが基本だ。第2章で紹介するくじ引き民主主義の実践例でも、その多くはライヴ中継されていたり、暫定的な協議結果が逐一報告されるようになったりしている。これは「選民」ではない「素人」が議論を行い、また一般的な感覚と異なった議論がされていないかをチェックし、そして「選挙」ではなく「くじ引き」という手続き的な偶然によるものだからだ。共同体に関係する大事な決定は密室で行われてはならない。公開と透明さがあるからこそ、その決定に正当性がもたらされるからだ。

もちろん、第４章でみるように、くじ引き民主主義は完璧ではないし、無視できない欠点があることも確かだ。しかし、それは代表制民主主義とて同じことだ。逆にいえば、どちらの民主主義が優れているかということではない。くじ引き民主主義にできることもあれば、代表制にできないこともあるということに過ぎない。民主主義には様々な形式があり、それぞれの形式が互いを補完し合うことが、よりよい民主主義をもたらすという、プラグマティックな期待こそがくじ引き民主主義を求めるのだ。

立ち上がらない「主人」は誰のせい？

日本では、国の政策に民意が反映されていない、と考える人の割合が増えている。内閣府の調査では、１９９３年頃から民意が「反映されていない」とする国民は右肩上がりになっていき、１９９７年には８割にも上っている。その後、多少の増減はあるものの、２０１２

年には82％という、過去最高の数字を記録するに至った（「社会意識に関する世論調査」）。誇張を恐れず言えば、日本人はすでに自分たちの国が民主主義であるとは、捉えていないのだ。

もし議会や政治家、つまり「代理人」たちを信頼できず、その働きに限界を抱えているのであれば、その「主人」たちは、自分たちの意思と希望を伝えるために、渋々ながらも、立ち上がって彼らを叱責《しっせき》しなければならない。簡単にいえば、選挙で投票するという行為を通じて「政治に参加する」ことが求められることになるのだ。

もっとも、事態がそのように進んでいるかといえば、そうではない。日本に関していえば、投票率の低さは、つとに知られている課題のひとつだ。戦後日本の衆院選での投票率をみると、もっとも高かったのは１９５８年（76・9％）、その後おおよそ70％台を維持していたものの、１９９０年代に入って大きく低下していく。２０１４年には過去最低の52・6％を更新、２０１７年には53・7％と、戦後2番目の低さを記録した。

投票率の低下がみられた１９９０年代以降に高い投票率を実現したのは２０００年（62・5％）と２００５年（67・5％）、そして２００９年（69・3％）の衆院選だ。２０００年は、森喜朗《もりよしろう》首相の「有権者は寝ててくれればいい」という発言が記憶に残っているが、政権交代を訴える時の民主党が32議席を上乗せし、躍進した選挙だった。２００５年は、肝いりの政策だった郵政民営化が参院で否決されたことをもって、小泉純一郎首相が衆院解散に打って出た選挙だった。小泉首相が退陣して自民党の安倍、福田、麻生各首相による短期政権が続いた後の２００９年の衆院選では、民主党による政権交代という、戦後日本政治での画期的な出来事があった。

それ以前の１９９０年代は、１９９３年に自民党が下野、その後１９９６年から小選挙区比例代表並立制が中選挙区制に代わる選挙制度として導入されたこともあって、政党間の対立軸が大きく変化した時代にあたる。それまでの「改憲 vs.護憲」「日米安保 vs.非武装中立」「消費増税 vs.増税阻止」といった対立軸だけでなく、自民党のＰＫＯ（国連平和維持活動）派遣の是非や「小さな政府 vs.大きな政府」などの新たな争点が加わり、野党の数が増えたこともあって、有権者の側が何を判断基準として投票したらよいか、戸惑ったことも原因だろう。この時代は、無党派層が有権者に占める割合が大多数となった時代でもある。実際、なぜ投票しなかったかを問う調査では、「忙しかったから」といった意見を除けば、「政党の違いがわからない」「どこに投票したらよいかわからなかった」という意見が多くみられる。

だから、投票率が上がるのは、与野党の勢いが伯仲している時か、争点が明確な時の選挙だ。与党が政権を失うかどうか、議席を減らすかどうかは、与野党のいずれを支持する立場であっても、投票所に足を運ぶ誘因《ゆういん》になるし、単一的な争点はイエスかノーかで立場を決めることができるからだ。

２０１２年に民主党が政権の座を追われ、続く安倍政権は8年にわたる長期政権を実現したが、そのもとでの衆参6つの選挙は、いずれも野党が弱含《よわぶく》みで、さらに争点が明確でなかったことで投票率は低迷した。衆院で野党が小選挙区で候補者を一本化できなければ、そもそも与野党候補者が競り合うことは難しく、さらに消費増税の延期や「国難突破」が解散の大義名分とされてしまっては、反対のしようがない。問いが明確でなければ、答えも明確にならない――つまり、投票率が低いのは、必ずしも有権者の責任だけではなく、政党の競争の仕方にも理由がある。

しかし、低調な政治参加は、民主主義にとっては問題であることは間違いない。民主主義の原義は「民（demos）の支配（cracy）」だ。ならば、自分たち全員が共同体の当事者であり、皆が平等に参加しているという実感が持たれなければ、民主主義の名に値しないことになる。

選挙によらない政治参加の増発

もっとも、長期的にみて、投票率が下がっているのは、先進国共通の現象だ。トランプ大統領が敗北した２０２０年のアメリカ大統領選は66％という、１２０年ぶりに記録された高投票率だったが、１９７０年代から２０００年代まで、アメリカの大統領選の投票率は低下傾向にあり、中間選挙のそれはさらに低かった。先進民主主義国15か国の長期トレンドをみると、１９５０年代に平均76％あった投票率は、２０００年代には68％にまで低下している（ＩＤＥＡ調べ）。50年間で８％ポイント減という数字は大きくみえないかもしれないが、北欧諸国を除けば、継続的に下落していっている事実は代表制の長期的な凋落《ちょうらく》を象徴している。代表制はもはや信頼されておらず、そして、まさにそれゆえに市民からの参加も、もはや望めなくなってしまうという、寒々しい光景が広がっているのである。

　かといって、民主主義そのものが諦められているわけではないことにも注意する必要がある。愛想をつかされているのはあくまでも選挙から成り立つ代表制であって、民主主義という仕組み、ましてや理念ではないのである。

　投票率の低下傾向が明瞭になる１９７０年代以降、各国では、選挙によらない政治参加が活発化、多様化していくようになっている。抗議デモやシットイン、不買運動、フラッシュモブ、最近ではＳＮＳを通じた動員や政治的メッセージの拡散など、それまでの「投票所での一票」というマンネリに留まらない政治参加が見られるようになった。ここ10年ほどの間に世界の注目を浴びたものも、２００８年の経済恐慌をきっかけとした生じたスペイン・マドリードのプエルタ・デル・ソル広場の占拠（「Ｍ15」）、ニューヨークの「オキュパイ運動」、アメリカのブラック・ライブズ・マター（ＢＬＭ）運動、日本の平和安全法制反対デモ、フランスの黄色いベスト運動、各国でのハッシュタグ・アクティビズムなど多くある。このように、投票によらない政治参加は、低投票率と反比例するかのように、広がりをみせるようになっている。

　数字で確認しておこう。例えばデモに参加したことがあるとする市民は、１９７０年代半ばと２０００年代後半と比べて、アメリカで11％から17％、イギリスで６％から17％、（西）ドイツでは９％から26％へと増えている。ボイコット参加経験では、それぞれの14％から22％、５％から14％、４％から13％となっている。人々は投票しなくなった代わりに街頭へと繰り出すようになっているのだ。

　長い歴史の中では、暴力的で特定の組織に動員されるデモやボイコットが存在してきた。しかし、新世代の政治参加は、時々の関心が集まって浮上する争点に対して、その輪の広がりに応じて散発的に展開するのが特徴だ。こうした運動の全てが目にみえる成果を手にしたわけではない（もっとも、中には長期にわたって展開された西ドイツの反核運動が最終的に同国の脱原発を後押ししたり、１９７５年にほとんど全ての女性が参加したアイスランドの女性差別反対ストが世界初の女性大統領選出のきっかけとなったりしたような事例もある）。政治参加とは「政府の政策決定に影響を与えるために意識的に展開される一般市民の活動」と一般的に定義されるが、こうしたデモやボイコット、ＳＮＳ上の運動といった社会運動も立派な政治参加であり、そのような政治参加は当たり前のものとして定着するようになった。選挙で変わらないのであれば、選挙以外の方法で政治を変えよう、というのが先進民主主義国の当たり前の風景となっている。

低調な日本の政治参加

他の先進国と比較して、この投票によらない政治参加が日本では低調であることは強調されて然るべきだ。１９８０年代初頭と２０１０年を比較して、日本でボイコットに参加経験のある人の割合は２％から１％へ、デモは７％から３・５％へと、むしろ低下している。政治参加の労力がおそらくもっとも低い部類に入る請願をみても、42％から28％へと半減している。意識の面でも同様の傾向を確認することができる。１９８３年の時点で「デモが国の政治に影響を及ぼしている」とする国民は32％いたのに対し、２０１８年には21％へと減少しているのだ（ＮＨＫ放送文化研究所『日本人の意識』２０１９年）。

ここまでみてきたのは、多くの先進国で投票率が減少傾向にあるのに対し、選挙に留まらない政治参加が増大しているということだった。これは、代表制を通じた民主主義に限界を見出し、それ以外の回路でもって、政治に影響を及ぼそうとする意識の表れといってもよい。しかし、日本では投票率のみならず、それ以外の政治参加も低調なままなのだ。

なぜ日本が例外的なのかについては、政治学者の間でも意見が分かれている。１９６０年代の学生・労働運動が挫折してしまったこと、その一部が暴力化したことに対する忌避《きひ》感（ただそうした状況が生まれたのは西ドイツやイタリアも同じだった）、あるいは少子高齢化のためそれまでの政治意識が広く受け継がれなかったこと、社会運動から発足した政党の不在、他国と異なって１９７０年代の不況のダメージが軽症で済んだこと、もともとの日本人の政治参加意識の低さ（もっとも、ではなぜ低いのかが説明されなくてはならない）など、複合的な要因が考えられるだろう。

投票か街頭かを問わず、低調な政治参加のもとでは代表制は機能し得ない。民主主義の形式の中で代表制民主主義は、それが①**共同体を有効に統治**することができ、②**人々が代表されていると感じる**ことでき、③**国民が代表制を機能させている**実態という3つの条件が揃って、初めて正当性を持つ。これまで見てきたように、しかしそのいずれの条件も不十分にしか果たせていない。だからこそ、それに対する代替案が渇望されているのだ。

代表制への幻滅、民主主義への期待

現代では、多くの国で政治不信が高止まりし、政治家や政党は信頼されておらず、投票率も低下傾向にあるような現状をみてきた。これは日本も例外ではない。繰り返しになるが、しかしこれは今ここにある民主主義、すなわち代表制への幻滅であって、必ずしも民主主義そのものに対する幻滅ではないことに留意する必要がある。

このことを国際意識調査でみてみよう。米世論調査会社のピュー・リサーチセンターは2020年にアメリカ、イギリス、フランス、ドイツの市民の民主主義に対する意識を調べ、そこではドイツを除く3ヵ国で約6割が自国の政治システムを「根本的に変えるべき」あるいは「大きく変えるべき」と考えているという結果が出た（ドイツで同様に考える者は4割弱）。また、政治家不信も深刻で、アメリカでは7割、英仏では5割弱が「政治家は腐敗している」と回答しており、アメリカとフランス国民の6割弱が国会議員は一般市民の考えを尊重していないとしている。当然だが、回答のうち、既存の政治システム――すなわち代表制民

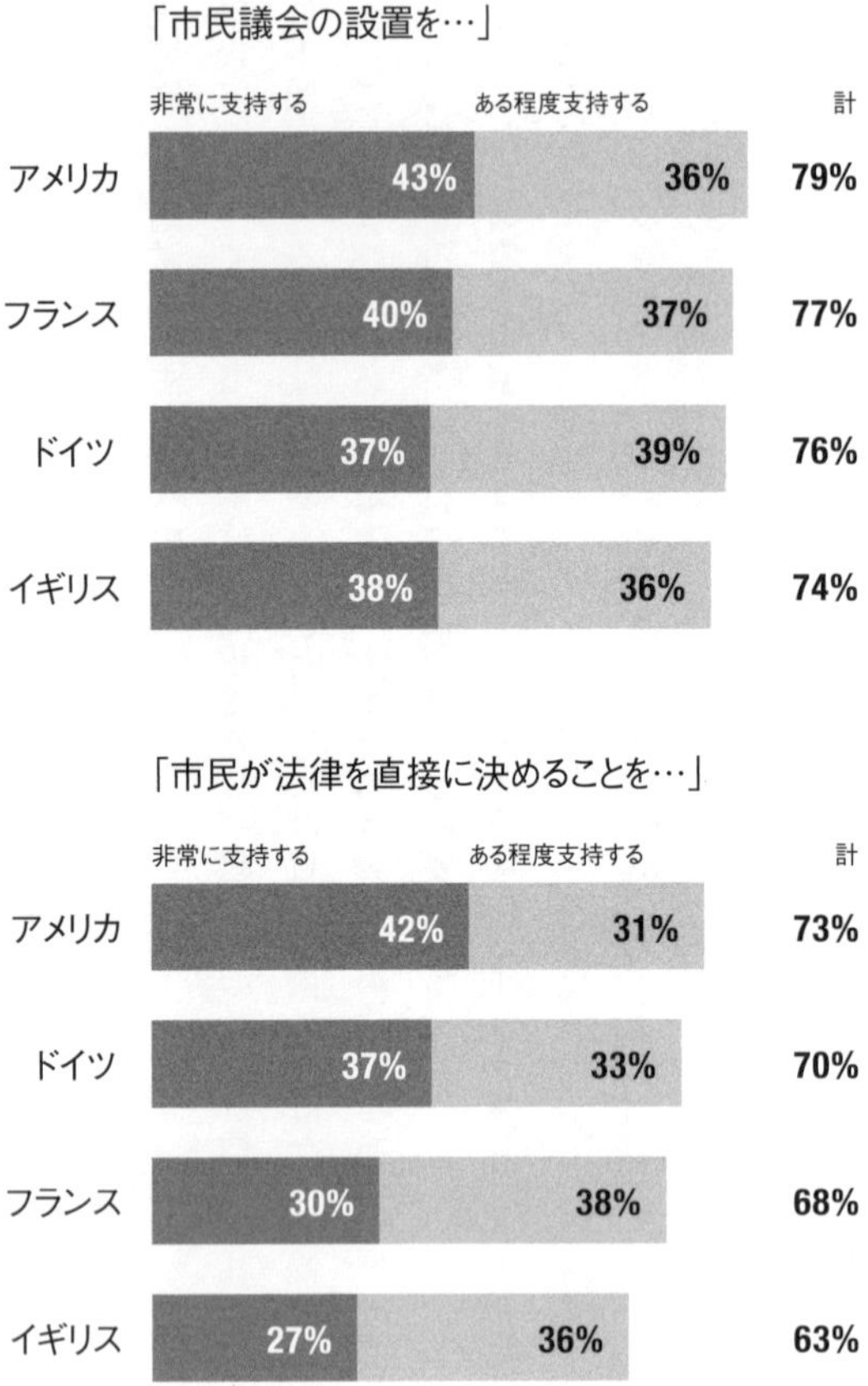

図3　市民議会への支持（アメリカ、フランス、ドイツ、イギリス）

Fall 2020 Global Attitudes Survey Q21 b&c
"Many in U.S." Western Europe Say Their Political System Needs Major Reform, Pew Research Center.

主主義――への不満と政治家への不信は相関している。

そもそも、代表制に優先的にアクセスできるのは、政治家や政党を支援する職能集団（経営者団体や労組、農協など）や伝統的な地縁共同体（町内会など）だ。こうした従来からの政治の輪に加わらない有権者が増えて、「代表する者」と「代表される者」との間のズレが広がっていけば、当然ながら政治不信は高まる一方となる。

今の政治システムも、政治家も信頼できないとして、ではどうすべきなのか。意識調査では、一般的にはくじ引きで選出される市民議会への支持が強く表明されている。「市民が課題を討議し国政に意見が反映されるべきか」という問いに対しては、アメリカの79%、フランスの77%、イギリスの74%の市民がこれを「非常に」あるいは「多少なりとも」必要だと回答している（**図3**）。

市民議会を支持する回答で、興味深いのは、他国と比べて現在の政治システムに相対的に満足しているとしているドイツ国民も76%がこれに賛成している点だ。また、支持の意見が党派を超えてみられるのも特徴だ。市民議会を支持する者のうち、フランスとイギリスでは、自らを「左派」に位置づける人々の割合が高くなっている（それぞれ48%と43%）。反対に、アメリカとドイツでは自らを「保守」に位置づける人々での割合が、左派よりも高くなっている（それぞれ40％と44％）。これは、両国ともに中央政府に不信感を持つ保守層が「草の根民主主義」を支持する傾向を反映したものと思われるが、いずれもくじ引き民主主義が党派によらないアジェンダとして希求されていることがわかる。

さらに重要なのは、「主要な問題については、国会議員ではなく市民が投票できるようにする」という問いについて、いずれの国でも過半数（6～7割）の市民が賛同していることだ。これには国民投票や住民投票も含まれることになるが、民主的な意識、すなわち、共同体のことは共同体の構成員が決めるべきだという期待は、まだ強く残っていることを示唆《しさ》している。

こうした意識調査は、回答理由が必ずしも明らかでないという限界がある。しかし、ここで紹介した意識調査以外でも、民主主義が大事だとする意見はほとんどの先進民主主義国で多数を占めている。ということは、民主主義で問題視されているのは、今ここにある民主主義の制度であって、民主主義という理念そのものではないと推察するのが妥当《だとう》だろう。

ちなみに日本でも「民主主義は重要か」とする問い（1から10までの尺度で回答する意識調査）で、4割が「10（絶対的に重要）」としており、1～5までの尺度（重要でない）と回答する者はほとんど存在しないことから、民主主義への期待は変わっていないといえるだろう

（世界価値観調査調べ、２０１９年）。日本の特徴は、民主主義の現状に不満を抱えつつ、それを変革するための行動意識が欠落していることにある。

そうであれば、くじ引き民主主義は、日本においてもっとも必要とされているということにもなる。くじ引き民主主義は、一般市民を無作為抽出することで、半ば強制的に政治参加への道を開くことになる。選挙で投票したり、デモに参加したり、あるいは政治的意識を常に磨き続けて、政治的意見を持ち続けることは、私生活に忙しい市民にとって必ずしも容易なことではない。かといって、問題含みの代表制に独占された民主主義のＯＳをアップデートしないわけにはいかない。くじ引き民主主義というシステムを導入することによって、当事者意識を涵養《かんよう》したり、あるいはそうした仕組みによって共同体の意思決定が可能であることを体験したりすることを通じて、現在の民主主義への幻滅を期待へと置き換えていくことは、日本においてこそ重要になっているというべきだろう。

民主主義の発展経路

本章では、代表制が直面している課題をまとめてきた。その理由は、単に政治家が信頼されていないことから来ている。信頼されない理由は、そもそも「代表する側」と「代表される側」との間には、不可避的にズレが生じるからだ。しかし民主主義への期待はまだ潰《つい》えておらず、そのため代表制に代わる意思決定の仕組みや政治参加の在り方が模索され、支持されていることもみてきた。

実は、くじ引き民主主義も、広い意味では代表制民主主義のひとつとみなすことも可能だ。それは、住民や国民を有意に代表する一部の市民が、彼らの代表（議員）となって意思を表明し、指針《ししん》をまとめるものでもあるからだ。しかし、今の代表制民主主義が、選挙という競争をもとに組み立てられているのに対し、くじ引き民主主義はその名の通り、くじ引きという公平な仕組みによる代表制であることが大きく違う。そして、少なくとも、多くの市民は、一部の人しか立候補できず、一部の人しか投票しない現存の代表制民主主義に愛想をつかし始めているのは確かだ。

フランスの政治哲学者ベルナール・マナンは、民主主義が古代アテネのくじ引き民主主義から代表制民主主義へと移り変わってきた経緯を追って、近代民主主義の原型は「民主的貴族制」にあったとしている。つまり、「選民」たる政治家は自律的に行動することが許されているが、他方で彼らを選ぶのは「民衆」であるという事実から、代表制が貴族制と民主主義の混合的な政治システムだとしたのだ。その後、代表制は政党によって担われることになるが、20世紀終盤から「観衆民主主義」が発展してきたことによって、民主主義は様相を再び大きく変えていったという。ここでは、エリートは信頼されず、政党は公約を守れず、結果として有権者は移り気になり、さらに選挙で感情が動員されることで、強い指導者を求めるような民主主義が出現している現状に警鐘《けいしょう》を鳴らしている。

　民主主義への幻滅と期待は、時として、民主主義そのものを好ましからざる方向へと導く可能性を持っている。共同体の決定に自らの意見が反映されるべきだ、しかしその回路が閉ざされていると感じられている時、人々は意図せぬ形で操られたり、あるいは過大な要求をしたりするようになるだろう。民主主義が丁寧に設計され、その仕組みや、その仕組みを動かす人々が信頼されていなければ、民主主義は円滑に作動し得ないということは古今東西、多くの思想家や政治学者が指摘してきたところだ。

　その最大の元凶《げんきょう》は、代表制という、いまの民主主義のＯＳにあることはこれまでみてきた通りだ。残念ながら、日本国憲法前文にある「権威→権力→福利」というサイクルは、フィクションと化しつつある。ならば、代表制を完全に置き換えないまでにしても、くじ引き民主主義という、対極的な民主主義の仕組みによって、民主主義への期待を満たすことが模索されなければならない。

「民主主義は議会制民主主義につきるものではない。議会制民主主義は一定の歴史的状況における民主主義の制度的表現である。しかしおよそ民主主義を完全に体現した制度というものは嘗《かつ》ても将来もないのであって、人はたかだかヨリ多い、あるいはヨリ少ない民主主義を語りうるにすぎない」と述べたのは、戦後日本を代表する政治学者の丸山眞男《まるやままさお》だった。つまりは、選挙を起点とする民主主義は、数多《あまた》ある民主主義のひとつの種類でしかないのだ。

では、この「ヨリ多い民主主義」はどのように可能になるのか——次章では、そのための試みである、日本を含む世界各国で実践されている、くじ引き民主主義の実態をみてみよう。

第2章
増発する「くじ引き民主主義」

くじ引き民主主義とは、地域の市民や住民、場合によっては国民から無作為抽出（母集団を代表するサンプル抽出）で代議員や委員を選び、特定の課題や目的を達成するにはどうしたらよいのかを話し合い、その上で意思表明や決定をしてもらう仕組みのことだ。これは、前章でみた選挙によって代表を選び、彼らが共同体に関わることを決定する代表制民主主義とは対称的な民主主義の形だ。ここで注意してほしいのは「くじ引き」といっても、単にでたらめに人を選ぶわけではなく、幅広い母集団から、その地域や国の人口構成を再現するように抽出されることだ。

各国で広がる「くじ引き民主主義」

望むと望まざるとにかかわらず、素人が公的な意思決定に参加する――こうした民主主義の在り方が広がっている。２０２０年に公表されたＯＥＣＤ（経済協力開発機構）の報告書『革新的な市民参加と新しい民主的制度』は、くじ引き民主主義を「代表制熟議プロセス」と呼び、こうした一般市民の無作為抽出を代表とする様々な決定が、１９８６年から２０１９年までの間に２８９例あったと紹介している（**図４**）。

これをみると、１９８０～９０年代にはまだ数少なかったくじ引き民主主義が、２０１０

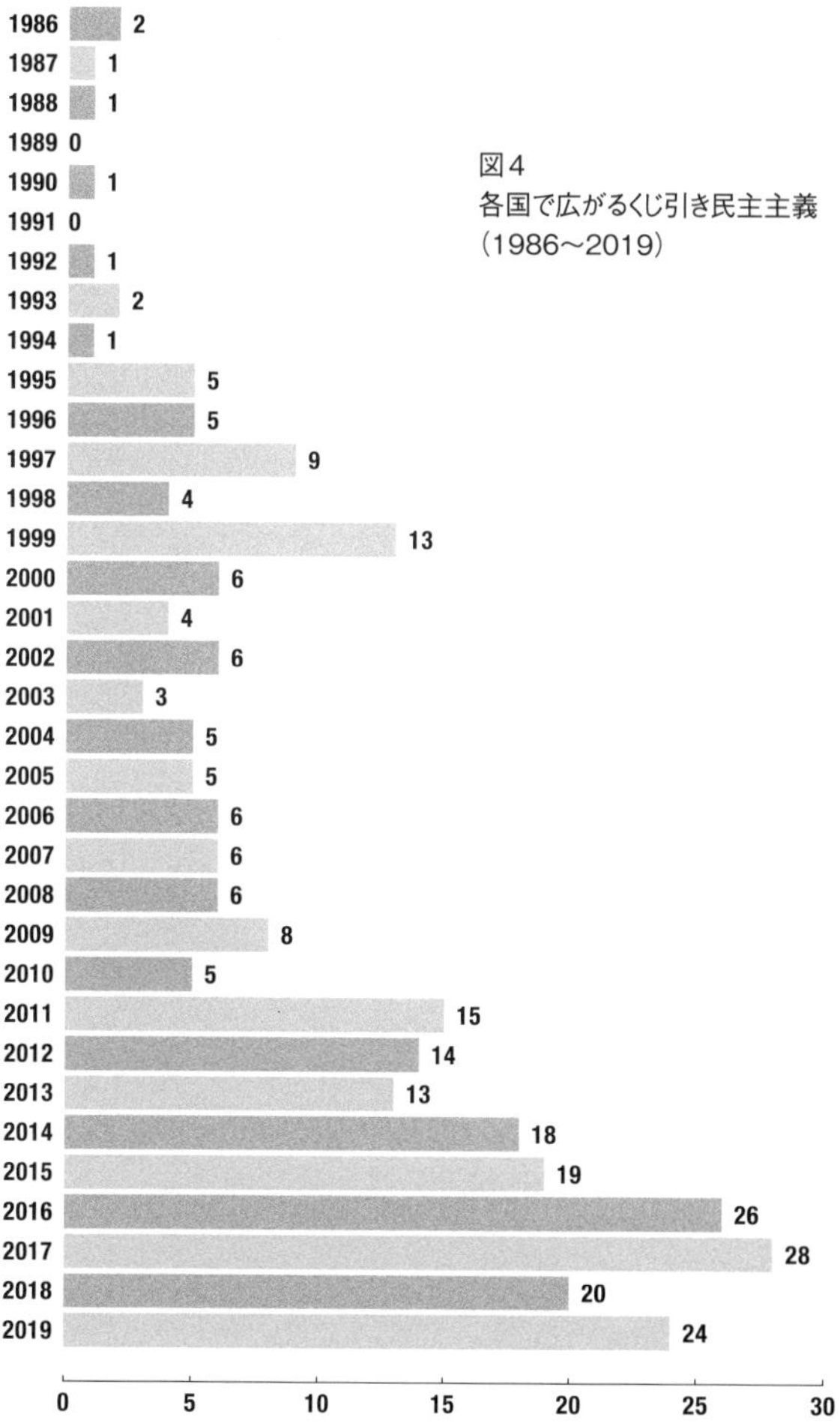

図４
各国で広がるくじ引き民主主義
(1986〜2019)

OECD, *Innovative Citizen Participation and New Democratic Institutions*, 2020

年頃から、急速に広がっていることがみて取れる。

くじ引き民主主義は、各国で実施される一方、単発的かつローカル・レベルで行われるものが多いため、ＯＥＣＤでは必ずしも網羅的な数字ではないとしているから、実際の数はこれ以上に上ると考えてよいだろう。興味深いのは、くじ引き民主主義が様々な対象や領域にわたって実施されていることだ。以下では、代表的なくじ引き民主主義の種類を紹介してみよう。

ドイツの「計画細胞」

もっとも早くにくじ引き民主主義を実践したのは、西ドイツ（当時）で発達した「計画細胞（プラーヌンクスツェレ）」だ。２００９年までに実施された計画細胞は65に上るとされる。この手法は、社会学者ペーター・Ｃ・ディーネルが１９７０年代に考案し、自治体レベルでの都市計画やエネルギー・環境問題、消費者保護問題などを住民に話し合ってもらうために用いられている。なおほぼ同時期にアメリカでは倫理学者クロスビーが「市民陪審《ばいしん》（シティズンズ・ジュリー）」というコンセプトを発案し、連邦予算や健康保健政策についてのくじ引き民主主義の実践を手掛けている。１９７０年代は、こうした直接民主主義的な試みが各国で着手される端緒《たんしょ》となった時代だ。

計画細胞を企画・主宰するのは、行政当局であり、実際の会議は大学など利害関係のない第三者への委託でもって実施される。参加する14歳以上の市民は、自治体住民から「無作為抽出」、つまり「抽選」で選ばれる。抽選といっても、もちろんランダムで選ばれるわけではなく、母集団となる自治体の人口構成（男女比、年齢、職業など）を正確に反映するような参加者集団（「ミニ・パブリックス＝小さな公衆」）が作られる。その他にも、参加者には謝礼を支払うこと、参加者による小グループの討議を行うこと、報告書（「市民鑑定書」）を公表することなどを特徴にしている。

日本では、行政の計画や政策に対して「パブリック・コメント」や「ヒアリング」などが実施されることも多いが、こうした場所では、直《じか》に影響を受ける当事者や、関心を持っている住民の声だけが反映されることになる。当事者が声をあげることも大事だが、場合によっては「ラウジー・マイノリティ」の反対意見が横行したり、逆に、実際にそうした事件があったように、当局が用意した「サクラ」の意見がもぐりこんだりする可能性もある。以下でみるように、くじ引き民主主義には様々な種類があるが、その原則は、意思決定を行う人たちが無作為抽出によって選ばれることにあり、これが「パブリック・コメント」や「ヒアリング」と異なる点だ。

計画細胞は通常、問題に関する情報提供を受けた代表25人が５グループに分かれ、１日４コマ、４日間にわたる話し合いを行う。一般的に、１コマは、専門家や当事者からの情報提供に20分、質疑応答に10分、話し合いに45分、結果発表に10分、是非を決定する投票に５分と、計90分が充《あ》てられる。その結果「市民鑑定書」が作成され、行政当局にはここで表明された市民の意思を尊重することが義務付けられている。

面白いのは、ドイツのほとんどの州では、こうした場に参加する場合、市民としての自己研鑽《けんさん》・研修のための有給休暇が使えることだ。さらに、市民の果たすべき業務とみなされるため、報酬も支払われる。２０１９年にボン市のプール移設に関する４日にわたる計画細胞では、１日約６０００円が支払われたという。また、先に指摘したように住民の無作為抽出であるということは、場合によっては十分にドイツ語が話せない外国人や障がい者が選ばれる可能性もある。そうした際には通訳や介助者なども手当されることになる。それも、ミニ・パブリックスが社会の縮図であることが要請されるからだ。

「計画細胞」は早くに日本でも紹介されたこともあって、少なくない自治体がこれを参考にした市民参加の制度を設けている。例えば愛知県岩倉市は２０１６年に「市民参加条例」を制定し、２０１８年に無作為抽出された市民からなる「市民討議会」を開催、市の遊休施設をどのように活用するかについての討議がなされた。また埼玉県吉川《わしかわ》市も、２００５年にやはり「市民参加条例」を制定、無作為抽出で選出される住民による「市民討議会」を設置している。

憲法を決めるためのくじ引き

計画細胞が住民自治に関わるミクロレベルのくじ引き民主主義だとすれば、市民議会（シティズンズ・アッセンブリー）と呼ばれる手法は、国の憲政に関わるマクロレベルのくじ引き民主主義である。

その最初の事例となったのが、アイスランドだ。同国は２００８年のリーマン・ブラザーズ破綻をきっかけとした世界恐慌で深刻なダメージを受け、１９４４年に制定された憲法規定が不十分だとの批判を浴びていた。そのため、２００９年に１２００人の無作為抽出分を含む１５００名の市民による憲法会議が民間の運動組織「アンティル」によって主宰された。この場で新憲法の指針について話し合いがなされたのち、その翌年に提案を受けた政府の会議で、無作為抽出された市民９５０名がこの指針について討議した。その翌年には、立候補した５２２人から25名の市民が選挙（単記移譲式投票という選挙制度による）で選ばれ、新憲法案策定会議の構成員となった。選挙で選ばれたとはいえ、候補者は一般市民に限られていた（うち１人は歌手ビョークの父親が選ばれている）。既存の政治家の勧告も受け、憲法策定会議は毎週暫定《ざんてい》版をＷｅｂにアップし、市民からの意見を募った。４ヵ月後に新憲法案が発表され、２０１２年10月、この会議の素案を新憲法のベースとすることが国民投票で決まった。

憲法策定という大事であることもあって、このアイスランドのくじ引き民主主義はかなり複雑なプロセスから成り立っている。まず、市民社会の代表を幅広くくじ引きで抽選して大まかな指針を決め、並行してアイスランド議会も勧告書を公表した。これに加えて自薦による選挙で一般市民を選出し、これが熟議した憲法案に国会でさらに幅広い意見を求めた上で、最終的に新憲法は国会が制定することになっていた。その途中では、市民25人の選挙手続きに瑕疵《かし》があったとの最高裁判所の判断もあり、議会が彼／彼女らを再任命するという、想定外の出来事もあった。

もっとも、ここにはくじ引き民主主義の果たす基本的な役割をみて取ることができる。まず、これは既存の議会や選挙を完全に代替するものではなかったことだ。憲法という、国家の構成員全員に関わるものである限り、多数の意見が反映されなければならないとともに、その内容や方向性については、専門知や公的な意思決定が関与しなければならない。その点、憲法制定に際してアイスランドは二重、三重の意思決定プロセスを重ねることによって、多様性とコンセンサス形成を丁寧に行い、さらに議会と国民投票という権威によって追認・修正する機会を与えたのである。

もうひとつは、公開性と透明性だ。先にみたように、憲法策定会議は暫定案を毎週公開し、インターネットで意見を募《つの》って必要な修正を施し、さらにそれへの意見を募るという、集合知を活かす形で漸進《ぜんしん》的に改正を進めていった。もちろん、それまでの数百ページにわたる議会による勧告書も誰もが読める形で公開されており、どのような点が重視され、どのような内容が討議されるのか、一般市民でもわかるように改正が進められていった。

もっとも、このアイスランドの壮大かつ革新的なくじ引き民主主義を介した憲法改正は、成就しなかった。一部野党の反対によって憲法案が議会の批准《ひじゅん》にかけられず、そのまま２０１３年の総選挙で与党（社会民主同盟と左派・緑運動の連立政権）が敗北し、当初から新憲法制定に反対していた最大野党の独立党が政権を奪取したためだった。

アイルランドの憲法改正

アイスランドのくじ引き民主主義の実験は不発に終わったが、そこから１４００㎞ほど離れたヨーロッパの別の小国では成功《せいこう》裏《り》に運ばれた。それが２０１３年から着手されたアイルランドの憲法改正だ。

やはりリーマンショックの大きなダメージを受けた同国では、憲法の条文改正のため、２０１２年に憲法評議会が召集された。そして、この計１００名からなる憲法評議会は、議長と29名の国会議員、４名の北アイルランド議員に加えて、無作為抽出された66名の一般市民でもって構成されていたのである。議論が生中継された評議会では、大統領の任期短縮や選挙制度の変更、同性婚認可など政権が提示した８つの論点に加えて、２つの論点が評議会によって盛り込まれ、専門家と議会事務局のサポートのもと、政治家と一般市民を交えた会議が15ヵ月間、計９回にわたって討議された。討議と投票の結果、大統領任期の短縮などは、被選挙権年齢の引き下げといった修正案に変更されることになった。国内的にも、国際的にもインパクトの大きかったのは同性婚を認めるとする提案であり、これは２０１５年に国民投票にかけられ、憲法改正につながった。憲法評議会の提案によって、国民投票で決するのが相応しいとされたのは、このほかにも大統領の選挙方法や憲法の冒瀆《ぼうとく》禁止規定削除などがあったが、カトリック教会の影響力の大きい同国で、同性婚が認められたことは大きな驚きでもって迎えられた。その後もアイルランドは憲法改正を経験しているが、これもくじ引きで選ばれた一般市民が参加する評議会を設置し、その答申を受けた上で実施されている。

実現したか否かを別にすれば、このアイルランドの憲法改正でのくじ引き民主主義の運用は、アイスランドのそれと類似している。ひとつは、憲法改正という争点とこれにまつわる論点が、まずは政権から提示されたことだ。アイルランドの場合、２０１１年の選挙に際し、与党となる統一アイルランド党や労働党は、市民による憲法評議会の設置をすでに公約に盛り込んでおり、これが憲法改正へと結実した。また、議会とくじ引きによる議員を含む憲法評議会との力関係でいえば、前者が優位に立っており、評議会の答申を実現するかどうか、する場合は国民投票に付すかどうかも、政権に任される取り決めになっていた。つまり、くじ引きされた一般市民は、あくまでも諮問される側であって、答申内容を決めることができても、それを実行するかどうかは、既存政党や議会に一任されていた（ただし、政府は答申に対していかに対応するのかの説明責任を法的に負っていた）。さらに、中でも重要な改正条項は、憲法で規定されているように、国民投票にかけられることになった。

すなわち、くじ引き民主主義といっても、全ての決定が一般市民に任されるわけではなく、公的・制度的な取り決めの中にこれを含めることによって、その機能が発揮される仕組みとなっていたことに特徴がある。

また、憲法評議会が高い透明性と自律性を保ったことも共通している。上述のように、評議会は、ネット・ストリーミングでライヴ中継され、どのような内容がどのように討議されているのか、国民全員に対してガラス張りの形で公開された。また憲法評議会に集った66名の市民は、性別、地域、年齢に偏りが出ないように抽出された後、その氏名と居住地が公表された。

憲法改正といえば、日本では国民投票によって決せられるべきものだと思われているかもしれない。これは、民主主義国における憲法制定権力は国民であることから、当然のことだ。しかし重要なのは、この国民投票に至るまでの過程である。もし意見が大きく分かれる内容についての憲法規定であれば、国民投票で決することは、その後の社会の分断を深めてしまうことになる。２０１６年のイギリスのＥＵ離脱を問う国民投票は、その是非をめぐっての対立がその後も招き、実に後味の悪いものになったことは記憶に新しい。

こうした国民投票の負の効果を緩和《かんわ》することができるのは、投票に至るまでの国民同士の対話や熟議である。相手の意見や意思を理解しようと努めると同時に、自らの意見と意思を相手に知ってもらおうと努力し、その過程で相手や自分の意見が変わることを認めるような態度がなければ、国民投票の結果はいわば、多数者の専制に終わってしまう可能性がある。共同体にとって重要な問題であるからこそ、正確な情報をもとに、時間をかけて市民同士が討議する。規模と時間の問題から、国民全員が参加してそれができないのであれば、そのモデルを再構成することで、市民に対話を促すとともに、決定の正当性を高める――そのことを可能にするのがくじ引き民主主義なのである。

フランスの気候市民会議

ドイツの計画細胞は地域レベルの話であるし、アイスランドやアイルランドのくじ引き民主主義の事例は、それぞれ約35万人と約500万人と人口が比較的少なく、政治家と有権者の距離が近い国だから可能なのではないか、という指摘もあるかもしれない。しかし、くじ引き民主主義の試みはさらに広がり、ヨーロッパの大国のひとつ、フランスでも取り入れられることになった。

2018年末、フランスは「黄色いベスト運動」という、同国の歴史でも稀にみる大きな社会運動に見舞われていた。炭素税引き上げからガソリン価格値上がりに反対する地方初の同時多発的な抗議運動である「黄色いベスト運動」は、時のマクロン大統領の不人気もあり、瞬く間に３００万人以上が参加する一大抗議運動となり、首都パリでもデモ隊が治安部隊と衝突、凱旋門の一部や公園の施設が破壊されるまでに至った。

ただ、政権の動きも速かった。年末にマクロン大統領は最低賃金の引き上げや税負担の軽減といった要求に譲歩する政策を表明し、さらに春にかけて「国民大討議」という、政治家や地元市長と一般市民の対話の場を各地で設けることを発表した。討議のテーマは、市民からの陳情内容に加えて、気候変動対策、税制、行政改革、民主的討論の４つに絞られ、延べ１万回以上の討議が各地で行われた。３月になって労組やＮＰＯといった市民社会の組織による全国的討議に加え、16の地域住民による討議会も開催され、後者は70～１００人からなるくじ引きで選ばれた一般市民から構成された。その後、それまでの国民討議で提出された意見が検討された。

もっとも、くじ引き民主主義が大々的に取り入れられるのは、これ以降のことだ。まず、「国民大討議」を受けて、諮問を受けて法案や政策を審議する上下両院に次ぐ第三の議会とされる「経済社会環境評議会（ＣＥＳＥ）」（定数１７５名）の一部をくじ引きで選出することを大統領が表明した。さらに、このＣＥＳＥの提案でもって脱炭素社会の実現のために、くじ引きで選ばれた一般市民150人からなる「気候市民会議」が2019年10月に発足する。コロナ禍の中、同会議は2020年6月まで計7回、どのように脱炭素社会を実現していったらよいのか、専門家を交えて、週末に議論を進めた。会議は、「移動」「消費」「住む」「働く／生産」「食」の5つの分科会に分かれ、自動車社会からの脱却政策、空港輸送の悪影響の制限、カーボンスコアの表記、過剰包装と使い捨てプラスチック利用の制限、住宅、公共空間・建物等での暖房とエアコン使用抑制、公共調達における環境条項の強化、食に関わる短路輸送の促進など、149の提言を出した。これらはほぼ全てがライヴ中継され、一般人も視聴することが可能だった。

スコットランドやブダペストでも気候変動についての市民会議が開催されているが、フランスのそれがイノヴェイティブだったのは、会議の提案を原則として全て受け入れることを大統領が約束したことにあった。最終的には、149提言中、高速道路の制限速度引き下げ（時速130㎞から110㎞）、金融商品配当への課税、憲法前文に環境保護規定を設けるという3つの提言が却下されたものの、それ以外は、政令として発布されたり、議会で法案として審議されたりすることになった（これによって、例えば冬のフランスの風物詩だったカフェの屋外テラスの暖房機使用などが禁止されることになった）。

アイスランドやアイルランドのように、高い透明性と自律性、専門家を交えた情報提供という点は共通しているが、市民にほぼ白紙委任を与えて、その内容が公的な民主的決定（すなわち議会での法案化）に転換されるという意味で、フランスの気候市民会議は、画期的な事例だったといえるだろう。

例えば、２０１９年にはイギリスで市民１１０名のくじ引きによる「イギリス気候会議」が発足、やはり脱炭素社会に向けた施策の討議と決定を行ったが、同会議の主催は下院の委員会であり、提言もここに提出されたものであって、その後、こうした市民の提案がどのように政策化されるかは確定していない。フランスの場合、黄色いベスト運動を受けたマクロン大統領が、民主的討議に積極的になり、議会でも大統領与党が圧倒的多数を占めていたという特殊事情もある。また、市民会議で出された指針を具体的な法制度へと転換するのは、議会政治家や官僚機構であるため、実際の企図よりも不十分な法制化しか果たされていないとの批判もある。

しかし、市民社会の不満を市民社会自身に討議させ、そこでの提案を政策へと転換していくという試みは、自治を旨とする民主主義の観点からは、高く評価されるべきだろう。

ポピュリズムとくじ引き民主主義の異同

住民のほぼ恒常的な意思決定の仕組みとして運営されるドイツの計画細胞を除き、これまでみてきたアイスランド、アイルランド、フランス、そして部分的にイギリスの事例に共通する、近年のくじ引き民主主義の特徴は何であろうか。

ひとつは、いずれの国も、深刻な政治的・社会的危機を経験し、政権与党や既存政治家が正当性を喪失したことだ。２０１０年代は、イギリスのＥＵ離脱の国民投票とトランプ大統領選出を頂点として、ポピュリズム政治が吹き荒れた時代だった。その理由は多様だが、２００８年のリーマンショックの後遺症と、テロ・移民の危機意識が後押ししたことは間違いない。ポピュリズムの定義には様々なものがあるが、その第一義的なものは、無能とされるエリートたちを倫理的・道徳的に批判することだ。世界でポピュリズム政治が横行したのは、それだけ各国で政治不信が高まっていることの証左でもある。

しかし、この時代にはまた、くじ引き民主主義という新たな試みが広がっていったことも確認しておかなければならない。つまり、現在の政治に辟易《へきえき》し、それを何らかの形で刷新《さつしん》しなければならないという人々の政治意識と政治行動が高まったことで生じたという意味では、ポピュリズムとくじ引き民主主義は同じ発生源を持っている。ただ、その手段は大きく異なる。ポピュリズム政治は、アウトサイダー的な政治家を頂点に押し上げ、トップダウンで政治の刷新を目指す運動だ。反対に、くじ引き民主主義はいわばボトムアップ的な民意形成によって政治の刷新を試みるものといえる。つまり、民主主義が大きな問題を抱えていることを前提にしつつ、その問題にどう対処するのか、ポピュリズムとくじ引き民主主義は正反対のアプローチを採るのである。別様にいえば、特定の民意に寄りかかって代表制民主主義を批判するのがポピュリズムであり、新たな民意を作り上げることで異なる提案をするのがくじ引き民主主義だといえよう。くじ引き民主主義は、傷んだ民主主義に対して、国民の熟議を通じた共同性を回復しようとし、彼ら・彼女らの熟議の結果を公共政策・法律へと転換することを目指すのだ。

ちなみに、イタリアで２０１８年から連立与党の一角を占めた左派ポピュリスト政党の「５つ星運動（Ｍ５Ｓ）」は、以前に公務員の一部と上院議員の一部を市民からくじ引きで選ぶべきとの主張をしていたことがある。これはポピュリズムとくじ引きが融合的でもあり得ることを示唆している。

日本のくじ引き民主主義

各国ほど大々的かつ大規模のものではないが、ここ日本でも、くじ引き民主主義の試みは、地方・地域レベルで一定程度実践されてきた。２００５年に千代田区で東京青年会議所が公益法人の税制をテーマにしたものが最初の事例とされるが、冒頭で紹介した「計画細胞」を参考に、その後２００６年から三鷹《みたか》市と三鷹青年会議所が「まちづくりディスカッション」を定期的に開催するなど、全国で広がりをみせるようになった。ＮＰＯ法人「市民討議推進ネットワーク」によると、２０１８年までに、様々な形の市民会議が５００以上、開催されたという。異なる集計方法ではあるが、高崎経済大学の佐藤徹によると、２００６年から２０１０年の間で関東圏を中心とした79自治体で市民会議が開催されたとされる。

もっとも、これらの多くは街づくりや地域の魅力発信などを対象としたソフトなものが多く、条例や計画に結実するハードなものや、自治体レベルを超えた政策全般に関するものは少数に留まっているのが現状だ。また、海外でも事情は同じだが、大規模のものを除けば、全国の自治体でどのようなくじ引き民主主義が行われているのか、網羅的な調査は今のところない。これがＮＰＯや学界など、市民社会自らの手によるものとなると、全てを数えるのはなおさら難しい。

ただ、２０００年代以降、くじ引き民主主義の試みが日本でも広がっていったのは事実だ。全てを紹介することはできないが、以下では、実施時に大きく注目を浴びたり、正確な資料が残ったりしているものなどを中心に、それぞれ異なる手法のくじ引き民主主義をみていこう。

脱原発の民意――エネルギー・環境の選択肢に関する討論型世論調査

２０１１年3月11日、東日本大震災によって生じた福島原発事故で、日本のエネルギー政策、とりわけ原子力行政は大きな試練に晒された。時の民主党政権の菅《かん》直《なお》人《と》首相は、すぐさまエネルギー政策見直しと脱原発の方針を明らかにし、２０３０年代の原発稼働ゼロが目指されることになった。こうした政権の方針を後押ししたのは、３・11を機に国会前で盛り上がった脱原発デモだった。もっとも、菅政権が策定した「革新的エネルギー・環境戦略」は与野党からの批判を浴び、結局２０１２年9月14日の閣議で「脱原発」の文言は採用されず、政権交代もあってこの方針は雲散《うんさん》霧消《むしょう》してしまうことになった。

原発事故と社会運動を受けての政権の方針転換の間に開催されたのが、「エネルギー・環境の選択肢に関する討論型世論調査」だった。２０１２年7月から8月にかけて、無作為抽出された２８６名の参加を最終的に得たこのくじ引き民主主義では、「討論型世論調査（デリバラティヴ・ポール、通称ＤＰ）」という手法が用いられた。これは、通常の世論調査が単に質問と回答からなるのに対し、尋ねる内容についての様々な資料や専門家からの知見が提供された後に回答し、その後グループ別の討議が行われ、その後にさらに意見調査を行うという一連のプロセスからなっている。ＤＰは、第３章でみる「熟議民主主義論」の代表的論者である政治学者ジェイムズ・フィッシュキンとロバート・ラスキンが開発・発展させた手法だ（ＤＰはスタンフォード大学のデリバラティブ・デモクラシー研究所に商標登録されている）。１９９４年、イギリスで犯罪対策について一般市民の意見を募るのに最初に用いられ、その後18ヵ国で70のＤＰが実施されている（日本では２０１９年時点で計７回実施）。日本のＤＰは２００９年に始まり（神奈川県における「道州制に関する討議型意識調査」）、２０１２年のそれは慶應義塾大学ＤＰ研究センター（代表は政治学者の曽根泰教《そねやすのり》）が実施主体となった。

　このＤＰは、まず全国の有権者を対象としたエネルギー政策に関する世論調査（標本数６８４９）を行い、その解答者から参加者を募り、彼ら／彼女らに政策に関する情報を事前に学習してもらった。その後、２日間にわたる討論フォーラムに参加してもらい、進行役を交えた討議を挟んだ意見調査が行われ、どのように意見が変化するのかが分析調査された。具体的には、２０３０年までに原発発電をゼロとする「ゼロ・シナリオ」、構成電力の15％程度とする「15シナリオ」、20～25％とする「20～25シナリオ」という3つの政策の方向性を提示し、それぞれのシナリオで想定されるエネルギーの安定供給、安全確保、地球温暖化防止、発電コストなど、相反する論点などについての意見の変化が測られた。

ここでは日本のエネルギー・発電政策の是非を論じることが目的ではないので詳述はしないが、調査結果を比較すると、最初の世論調査から、資料送付や情報提供を受けた討論フォーラム参加までは「ゼロ・シナリオ」と「15％シナリオ」が増加（それぞれ32・6から41・1％、16・8から18・2％）、逆に様々なシナリオを同程度に支持する「複数シナリオ」の支持は低下した（23・9から13・7％）。さらに討論フォーラムに参加して参加者同士の討議を経た後では、２０３０年代に脱原発を目指す「ゼロ・シナリオ」と、様々なシナリオを検討すべきとする「複数シナリオ」を指示する世論が増加し（それぞれ41・1％から46・7％、13・7％から15・4％）、「15シナリオ」は微減、「20～25シナリオ」は不変だった。つまり、原子力のプラス面（温暖化対策や安定供給）とマイナス面（コストや安全）についての情報が開示され、そうした意見が参加者同士で交わされていくとともに、２０３０年に原発ゼロとすることが好ましいという意見が増えていったことになる。

２０１２年のＤＰ実施は、これが政府の政策決定の指針になると位置づけられていたこと、さらに原子力発電という、極めて専門的かつ賛否両論のある政策について用いられたという意味で画期的なものだった。３・11を機に「原子力ムラ」という言葉が広く知られるようになったが、これは政治、産業、学界、そして場合によっては交付金の受け取り手となる地域の四《よん》位《み》一《いっ》体《たい》でもって原子力行政が進められてきたことを意味するものだ。しかし、福島原発事故は戦後日本が寄りかかってきたこの政策形成・推進のシステムが破綻したことを象徴していた。しからば、これに代わってどのようにしてエネルギー政策を進めていったらよいのか――とりわけ共同体の構成員全員が負担しなければならない環境政策は、全員がその負担をどう捉え、どの程度負担したいのかで合意しなければ、有効に機能しない。そこで共同体の構成員の代表をくじ引きで選び、それまで不完全にしか共有されていなかった情報を共有した上で、自分と他人の意見を相互に理解・吟味し、何が「正しい政策」なのかが探られたのだ。ただ、冒頭に述べたように、こうした作られた民意は、一旦は政策として取り入れられたものの、その後政権内の方針で腰砕けになり、その後、２０１２年の自民党政権復帰によって宙に浮いたままとなった。

気候変動にどう対処するか――気候市民会議さっぽろ2020

人間の活動による気候変化とその緩和方法について科学的見地から評価を行うことを目指す国連の「気候変動に関する政府間パネル（ＩＰＣＣ）」が設置されたのは１９８８年のことだ。21世紀になって、気候変動は人類が直面する課題として強く認識されるようになった。２０１５年には、第21回国連気候変動枠組条約締約国会議（ＣＯＰ21）が開催され、２０２０年以降の温室効果ガス排出削減等のための国際枠組みであるパリ協定も結ばれた。日本も、２０１７年の九州北部豪雨、２０１８年の猛暑、２０１９年の台風19号、２０２０年の熊本豪雨等々、年々強度を増す天候変動によって多数の死者と物的損害を被《こうむ》っている。

ＩＰＣＣは２０３０年には世界の気温が産業革命前と比べて１・５度上昇し、海面上昇と異常気象が起こると警鐘を鳴らしている。さらに、気温上昇を１・５度前後に留めておくには、世界の二酸化炭素（ＣＯ^{2}）排出量を２０３０年までに10年比で45％削減、２０５０年ごろまでに実質ゼロにしなければならないとの報告書を２０１８年に発表している。ここから、ＥＵ、中国、アメリカ、日本とも、２０５０年までに脱炭素化社会を実現することを表明した。

この全人類的な課題である気候変動にくじ引き民主主義はどのように貢献できるのか――

先にはフランスとイギリスの気候変動に関する市民会議の事例をみたが、類似の試みが日本でも展開されるようになった。

２０２０年11月から12月にかけて、北海道大学や大阪大学、国立環境研究所などの研究者が中心となり、札幌市の協力を得て「気候市民会議さっぽろ２０２０」が開催された。ここでは札幌市がどのように脱炭素社会への転換を実現するかを探るため、脱炭素社会の将来像とそのためにエネルギー、移動と都市づくり、ライフスタイルをどのように変化させていくべきかが、札幌圏に住む市民20人によって議論された。まず無作為抽出された市民３０００人に案内状が送付され、うち応募のあった39人から年齢や性別を加味した20人が選ばれ、オンラインで計４回の討議、専門家を含む参考人による情報提供と投票が行われた。

「さっぽろ気候市民会議」は、市民がどのような政策によって脱炭素社会を実現したいと思っているのかをイメージしてもらうことで、そのために自分ができること、できないことを決めるという設計になっている。例えば、ライフスタイルに関しては「将来、脱炭素社会への転換を実現した札幌のまちでは、市民はどのような暮らしを送っているでしょうか。衣食住を始めとする家庭での生活や、仕事や学業の様子を中心に、都市施設・設備やそこで用いられている技術、社会制度、自然環境の状況なども含めて、期待されるまちの姿と、その中でのライフスタイルを自由にイメージしてください」という問いが主催者側から投げかけられ、40ある項目に1から5までの数値を選んで評価する、という仕組みをとった（ちなみにもっとも実現すべきものとして挙げられた上位3項目は「住宅の断熱性能の向上」「学校教育」「蓄電池の普及と防災」）。提示された選択肢以外にも、自分なりの意見を表明することもできた。

市民会議の結果は、環境政策を策定中の札幌市に提出され、市民の意識を踏まえた政策として結実することが期待されている。ただ、会議では2050年にカーボン・ニュートラル（温室効果ガス実質ゼロ）の実現や、ガソリン車やディーゼル車規制などが強く支持されたものの、「経済社会システムの変革」や「自家用車の利用削減と脱マイカー社会」「自転車の利用」などについては意見が分かれた。自動車の排ガス規制などについても、意見がばらつく傾向にあったようだ。環境対策ではよくみられる総論賛成、各論反対が再現されたといってもよい。

世界的な気候変動に対して、人口200万人弱の札幌市だけで対処することはできない。しかし、気候変動対策では、産業界の排ガス抑制だけでなく、排出の3割を占める家計部門も対策の輪に加わることも大事だ。そこでは、個々人の意識や行動の変容、私人として取れる対策といった小さなことの積み重ねに加え、こうした変化を促すための制度や法の整備が欠かせない。ただ、気候変動対策は、規制や補助金などトップダウンで一方的に決めても、簡単に実現できるものではない。そうした意味では、「気候市民会議さっぽろ」は、市民の意識や選好を明らかにするというだけでなく、当事者意識の涵養や気候変動対策がこうした市民参加なくして成功しないということを対外的にも認識してもらうことを狙ったものと言えるだろう。

住民による事業仕分け——構想日本「自分ごと化」会議

このように、くじ引き民主主義は、世界的・地域的な課題をいかに自分の課題として認識するかというプロセスと一体不可分の関係にある。特に、自分の懐《ふところ》に関係する税の問題は、住民の関心を引きやすいだろう。

これを突破口として、市民会議開催にこれまで精力的に取り組んでいるのが、シンクタンク「構想日本」だ。このシンクタンクは、民主党政権の目玉政策だった「事業仕分け」のアイディアを提案し、政権の行政刷新会議の事務局長を務めた元大蔵官僚の加藤秀樹が設立したことで知られている。

構想日本は、「自分ごと化会議」を「事業仕分け」と「住民協議会」という企画に分け、各地で述べ累計１万人以上が参加する形で、１５０回以上開催している。同シンクタンクは「自分ごと化会議」の目的を以下のように説明している。「医療や子育て、防災など地域の課題に住民が関わると、行政の関わり方や税金の使い方が効率的になります。同時に、住民は関わることがだんだん面白くなり、『自分ごと』すなわち生活の一部として地域のこと、さらには社会のことを考え始めます」。政策作りが住民主体で進むことで、個人と地域との関係が好ましい形で循環するというわけだ。

「自分ごと化会議」が扱う内容は、自治体の施設管理や自然エネルギー化など多岐にわたるが、中には中国電力島根原発のある松江（２０１８～２０１９年の計４回）や、日本原子力発電東海第二原発のある東海村《とうかいむら》（２０２０年～２０２１年の計５回）ではエネルギー問題なども扱われた。もっとも、松江などの場合、会議の成果として提出される提案書では「原発を『誰かが考える問題』ではなく『自分の問題』として、多くの人が関心を持つようにする」（提案１）「原発によって松江市にどの程度の経済効果があるのか、具体的に検証して市民目線で考える」（提案４）など、具体的な政策提言を目指すというより、住民の主体性の涵養が主目的とされている印象を受ける。これは、具体的な報告書を提出した上で、公的機関からの応答を必須とするドイツの計画細胞や欧州の市民会議などと比べて、力点が異なっている。これは、日本ではまだくじ引き民主主義を理解する土壌や、その環境整備が未発達であることと関係しているだろう。それでも福岡県の大刀《たち》洗町《あらいまち》などでは、町長の諮問に応じてくじ引きで選ばれた住民から構成される住民協議会が設置されており、条例について意見を答申する仕組みがスタートしている。

他方、市民の参加を得ての「事業仕分け」は、「構想日本」がスタートしたきっかけとなった事業ということもあって、より深く自治体行政に関わるものとなっている。例えば、２０１８年に千葉県市原市で行われた事業仕分け（『市民点検』）では、無作為抽出で選ばれた市民49名（その他に点検経験者ならびに高校生を含めた計96名）が参加し、市の各部署が提示した36事業が仕分けの対象となった。レクチャーと討議を経た判定では「廃止・凍結」（『ちょっと待った！』）０件、「要改善」（『もう一歩！』）18件、「継続」（『いいね！』）が18件となり、ここから2つの事業が廃止され、７８０万円の予算削減効果をもたらしたと報告されている。「構想日本」では、約7割の事業が点検の判定結果通り、削減ないし見直しの対象となり、自治体予算の多額の効率化につながったとしている。

ただ、この事業仕分けは、先の「気候市民会議さっぽろ２０２０」と同じように、無作為抽出された市民の中から希望者のみを迎える仕組みとなっており、なるべく多くの対象者に参加してもらうという網羅性という意味ではまだ課題が残るといえる。「住民協議会」もそうだが、アドホックに企画され、まだ行政主体の事業であるため、自分の地域の政策に関与し、意見を述べるということが「権利」であって「義務」としてみなされていないという事情も影響しているだろう。

「参加型予算」の試み

ただ、自治体予算の見直しや組み換えは、くじ引き民主主義の原点でもある。約１５０万人が住むブラジル南部のポルト・アレグレ市では、それまでの恩顧《おんこ》主義や腐敗の温床《おんしょう》となっていた市予算の透明化と効率化のため、住民参加を１９８９年から導入し、一般市民に開かれた形で予算編成を組んでいる。具体的には、地区の住民が話し合いによってニーズを策定し、次にこれがセクター別・テーマ別分科会で検討・優先付けされた後、これが選出する「参加型予算協議会」で市予算案の2～3割に反映されている。

この「参加型予算」の仕組みは、世界の市民団体やＮＧＯが参加する「世界社会フォーラム」でアイディアが普及されて欧米の自治体の一部で取り入れられるようになったほか、ＩＭＦ（国際通貨基金）などが中南米諸国支援のコンディショナリティー（融資条件）の一部としたこともあって、途上国でも急速に広まることになった。

アメリカ独立革命時に謳われた「代表なくして課税なし」というスローガンは、民主主義の基本的な原則である。ポルト・アレグレで始まった参加型予算は、無作為抽出で参加者を選ぶわけではないため、くじ引き民主主義の範疇《はんちゅう》には入らない。しかし、第3章でみるように、くじ引き民主主義の発想の根底には、市民や主権者が自らに関わる事柄について直接的に参加して、自らの意見を表明し、政策に反映させるという思考がある。そうした意味では、住民の税金を使う自治体事業の成否を審査する構想日本の「自分ごと化会議」は、参加型予算と同じ精神によって運用されているといえるだろう。

くじ引き民主主義の種類

これまでドイツの計画細胞、アイスランドとアイルランドの憲法改正、フランスの気候市民会議、さらに日本におけるいくつかのくじ引き民主主義の実践をみてきた。くじ引き民主主義が用いられる対象も、自治体に関わるミクロなものから政治体制に関わるマクロなもの、具体的な政策に係るものから主体性を引き出すためのものなど、その運用や帰結を含めて、多種多様であることも確認できた。しかし、これらはくじ引き民主主義のごく一部の事例であり、その他にも様々な名称の、様々な試みが存在している。以下では、これらを整理してみたい。

冒頭に紹介したＯＥＣＤの報告書は、様々なくじ引き民主主義を特徴に応じて４つの種類に分け、さらにその具体例を紹介している。くじ引き民主主義の４つの種類とは、**①政策について熟議による市民による決議・市民への諮問、②政策についての市民の意見表明、③特定の政策・法律についての市民の意見表明、④常設の諮問評議会**だ（図5）。

まず、「政策について熟議による市民による決議・市民への諮問」をみていこう。これは、具体的な政策を市民に諮り、そこで決定された事項を一定程度、政策に反映させることを目的にしたくじ引き民主主義だ。ここに含まれるものとしては、市民会議、市民パネル、コンセンサス会議、計画細胞の４つがあるが、いずれも無作為抽出された市民に情報が提供され、専門家や利害関係者にヒアリングが行われ、市民が政策のオプションを討議した上で、国政・地方議会に答申を行うことで共通している。それぞれの名称の違いは、規模の大きさ（例えば、市民会議は大きく、市民パネルはより小さい）、対象（コンセンサス会議は科学技術を中心とした問題、計画細胞は街づくりに係る問題を中心にする）による。前章でみたように、くじ引き民主主義が増加している背景には、今の民主主義の基本ＯＳである代表制民主主義の機

政策について 熟議による 市民による決議・ 市民への諮問	1.市民会議（アイルランド、カナダ） 2.市民パネル （オーストリア、ベルギー、フランス、 ポーランド、イギリス、アメリカ等） 3.コンセンサス会議 （オーストリア、デンマーク、フランス、 ノルウェー、イギリス） 4.計画細胞（ドイツ、日本）
政策についての 市民の意見	1.G1000（ベルギー、オランダ、スペイン） 2.市民評議会（オーストリア、ドイツ） 3.市民対話（各国） 4.討論型世論調査 （アルゼンチン、イタリア、日本、韓国、 モンゴル等） 4.世界規模意見 （World Wide Views）（各国）
特定の政策・ 法律についての 市民の意見	1.市民イニシアティブ評価（アメリカ）
常設の 諮問評議会	1.東ベルギーモデル（ベルギー） 2.市民評議会（スペイン）

図５　くじ引き民主主義の種類

OECD, *Innovative Citizen Participation and New Democratic Institutions*, 2020より筆者作成

能不全があるが、この種のくじ引き民主主義は、既存の議会制民主主義と接続し、これを補完することが期待されている。

次の「政策についての市民の意見」は、右の「政策について熟議による市民による決議・市民への諮問」よりも、既存の議会との接続の度合いがより弱く、市民独自のイニシアティブであることが特徴になっている。ここにはＧ１０００、市民評議会、市民対話、討論型世論調査、世界規模意見といった、やや耳慣れない類のくじ引き民主主義が含まれる。Ｇ１０００は、２０１１年にベルギーで始まったくじ引き民主主義の試みで、ネット上で何が市民生活の一番の問題かを問う調査が実施され、約５０００の回答の中から問題群（年金、失業、移民、税制など）を整理、そのうちの何がもっとも重要かをオンライン投票で決め、さらにこれについて無作為抽出された市民約７００人が解決のための具体的な政策を対面で討議する試みだ。世界規模意見（ＷＷＶ）は、デンマークで始動したくじ引き民主主義で、現在では40ヵ国近くの市民が参加、環境問題を中心としたテーマを扱うものだ。この種のくじ引き民主主義は、政策課題に具体的な影響を及ぼすというよりも、ボトムアップ型で市民の意見を形成し、その民意を表明することに軸足が置かれている。

３つ目の「特定の政策・法律についての市民の意見」に含まれる「市民イニシアティブ評

価（ＣＩＲ）」は、アメリカの民間団体「健全な民主主義」によるくじ引き民主主義で、オレゴン州が２０１１年に最初に導入し、続いてコロラド州やマサチューセッツ州などで導入されたものだ。これは、一般市民が判断するのが難しいと予想される州民投票の論点について、投票が行われる前に、無作為抽出された代表24名が４日半ほどをかけて、法案に対する賛成と反対の根拠を専門家などから聞いた上で評価を下し、投票を呼びかける案内に、法案の是非を公平に評価する意見書を付すという、ユニークなものだ。例えば、同州では２０１４年に遺伝子組み換え食品の表示を義務付けるかどうかを問う住民投票が実施されたが、これは専門知識がなければ、その是非を十分に判断できない問題だ。そこで一般市民の代表としてくじ引きで選ばれた住民が是非を検討し、投票の参考のための意見を表明するというプロセスを経た。

　１９９５年から２０１８年の間、オレゴン州では１８３もの州民投票が実施されており、このうち年２、３本の投票が事前にＣＩＲにかけられたという。建国の経緯もあって、アメリカでは２０１６年だけでも35州で１６２件の住民投票が行われており、こうした積極的な市民参加は、同国ならではのものかもしれない。しかし、一般的にいっても、世論分断的ないし高度に専門的な内容が住民・国民投票にかけられたとして、普通の有権者は何に基づいて是非の判断を下したらよいか、困難に直面することだろう。イギリスのＥＵ離脱の国民投票はその典型例であったし、具体的な議論が以前よりも進んできた日本の憲法改正も、どのような観点から賛否を投票するか、理性的・客観的に判断することは今の状況では難しいだろう。そうであれば、私たちと同じような人々が先行して議論し、その評価を伝えることは意義あることに違いない。

最後の「常設の諮問評議会」だが、これはもっとも公式的、制度的なくじ引き民主主義の姿といえる。リストでわかるように、この事例はまだ数少ないが、東ベルギー（ドイツ語共同体、住民7万６０００人）は、２０１９年に常設の市民議会を設けた世界初の地域となった（なお、創設にあたってはＧ１０００を発足させた専門家らの支援を受けている）。これは、くじ引きで選ばれる任期1年半の24名の市民からなる「市民評議会」と、無作為抽出された市民が構成する「市民議会」から構成され、前者が後者の招集を決定し、週末だけ3ヵ月活動して諮問を検討してもらう（選ばれる市民は外国籍の住民でもよい）。さらに、この市民議会が専門家と協働して、政策案を地方議会に提出するという二重、三重の協議体の仕組みをとっている。

日本での提案

くじ引き民主主義の種類を以上のようにみてみると、これらは**①決定権を持つもの、②諮問されて意見を表明するもの、③課題や状況に応じてその都度組織されるもの**に大別できることがわかる。上述の東ベルギーの市民会議のように、決定権を持ち、かつ常設的に設置されるくじ引き民主主義の形がもっとも公的なものであるということになる。くじ引き民主主義をいかなる場合に組織するのか、そこで出された意見をどこまで公的な決定に反映させるかは、その共同体の民主主義全体の在り方に関わる大きな問題であり、くじ引き民主主義が広がっていく中で、模索され続けることになるだろう。しかし、その先には、国政レベルでくじ引き民主主義による議会を設置するというアイディアも出てくるかもしれない。

その具体的提案は日本でも出されている。政治学者の岡崎晴輝《おかざきせいき》は、参議院議員をくじ引きで選ぶ「市民院」へと改組《かいそ》することを提唱している。同院は、衆議院で成立した法案に対して拒否権を行使するものとして構想されており、さらに議員活動が現役世代の私生活に影響を及ぼさないよう、「ジュニア枠（19～22歳）」と「シニア枠（61～64歳）」から半数を選ぶことが提案されている。

とはいえ、日本国憲法は、その前文で国民は選挙で選ばれた代表を通じて行動すること、また第43条では衆議院と参議院の議員が選挙で選ばれなければならないと定めているから、参議院議員をくじ引きだけで選ぶのには憲法改正を要するということになる。そこで岡﨑は、参議院の選挙制度を比例代表とした上で、そこでの棄権率ないし代表名簿にくじ引き選出分を割り当てるという方法を提案している。前者の方法は、例えばある選挙で棄権率が20％あったとして、20％分の議席をくじ引きで選ばれる議員に割り当てるというものだ。後者は、予《あらかじ》め候補者となることに同意した市民を比例代表名簿に記載し、有権者がこの名簿（ちなみに名簿記載順もくじ引きで決める）に投票することを可能にする、というものだ。こうした選挙制度にくじ引きを組み込めば、憲法改正しないままに、日本政治のくじ引き民主主義を公式的に取り入れることができる、ということになる。

　第1章でみたように、代表制民主主義は看過《かんか》できない構造的欠点を抱えている。しかし、後の第4章でみるように、くじ引き民主主義と比べて優れている点もある。重要なのは、この2つをいかに最適にミックスして、それぞれの長所を引き出すことができるのかということにある。その塩梅《あんばい》をどうするのか——日本での法的・公的な位置づけを含め、くじ引き民主主義を考えるために欠かせない論点だろう。

無投票選挙の代替案として

ところで、日本での現実問題として、地方議員のなり手不足と低投票率が挙げられる。例えば、候補者不足から2019年の統一地方選挙では約2割が、道府県議会議員選挙では過去最高の約4割の選挙区が無投票選挙となった。投票率は、2015年の市区町村議会議員選挙で47％、都道府県議会議員選挙では45％となり、過去最低を記録し続けている。こうした状況もあって。高知県の大川村（人口約400人）では、議会を廃止し、代わりに有権者全員が物事を決める「町村総会」の設置という、地方自治法でも認められている方策が2017年に模索された。実現には至っていないが、こうした試みが模索されていけば、それは現代日本における古代アテネの再現となる。

いずれにしても、なり手不足と投票率の低さは、地方政治における代表制民主主義がもはや立ちいかなくなっていることを示している。総務省も、議員のなり手不足や住民の無関心を打破しようと、兼業禁止規定の廃止や選挙制度の改変、議会運営の柔軟化などを提案しているが、いずれも既存の制度運用をいかに改善するのかに留まっている。

過疎と高齢化で、地方議会での無投票の割合は、これから増える一方だろう。代表制民主主義がきちんと機能するためには、候補者や政党同士の競争がなければならない。それによって有権者の選択肢が増えることになるからだ。しかし、無投票ということは、そうした代表制民主主義のポテンシャルが損なわれていることを意味している。

そこで例えば、地方議会の議員をくじ引きで選ぶ、という提案も検討されるべきだろう。全員をくじ引きで選ぶことには、心理的抵抗感や既存議員の反発もあるだろうから、まずは定数の4分の1をくじ引きで選ぶという方法も考えられる。

ただし、地方自治法には「普通地方公共団体の議会の議員及び長は、別に法律の定めるところにより、選挙人が投票によりこれを選挙する」（第17条）とあるから、法律改正が必要となる。

くじ引き民主主義であるための条件

くじ引き民主主義は、以上のように様々な手法や対象に応じて分類され、それらの名称も異なっている。これは、その目的や実施時期に応じて、企画する側が異なる名称を用いることにも起因しており、そうした意味で、この分類もいわば便宜上のものでしかない。それぞれは、大きくいって市民の意見が制度的に反映されることを保証しているのか、あるいは意見を形成する場としてのみ機能するのか、投票がある時に組織されるのか、それとも恒常的なものとして設置されるかなどに応じて分類される。いずれにしても、討議型世論調査、コンセンサス会議、計画細胞会議、市民陪審に共通するのは、無作為抽出でもって社会の縮図を作り、そこから選ばれる人々が数日生活をともにし、自由な雰囲気のもとで発言し、その結果が政治の世界に何らかの形で還元されるのを目的にしていることだ。これらを総称して「ミニ・パブリックス」と呼ぶこともある。「ミニ・パブリックス」とは、市民に必要十分な情報を提供して、彼ら・彼女らがそれをもとに討議することで、より有益な決定を下し、判断能力を獲得することができる存在となるという期待から生まれてきた言葉だ。

少なくとも、本書でいう「くじ引き民主主義」は、次の5つの条件を満たしていないとならない（くじ引き民主主義の詳しい作り方は最終章で提示する）。まず、無作為抽出された市民は、母集団となる国民・住民の人口構成に近いサンプル（標本）にならないといけない（①**統計的代表性**）。一般的には、年齢、ジェンダー、居住地域、職業が基準となるが、討議する内容によっては、所得や学歴を含めてもよいかもしれない。こうした要素の多寡は、公共的な問題への関心の決め手となるからだ。また、通常はその国の成人年齢以上の人々が対象となるが、実際の多くのくじ引き民主主義がそうしているように、特定課題について対話や会話、判断が可能な年齢に達している人々を対象に含めてもよい。

くじ引き民主主義であることの次の条件は、このプロセスに参加する人々に対し、事前に十分な情報が公平・客観的に提供されなければならないことにある（**②情報提供**）。仮に、日本での導入が求められている「アフターピル」（性交渉後でも避妊できる薬）の薬局販売（処方箋なしで購入可）を認めるかどうか、ということについて決定しなければならないとしよう。その場合、薬に副作用があるのかどうか、誤用や乱用が起きないかどうか、価格設定がどう影響するのか、性行動に変化が起きるのかどうかといった事柄について、研究者、医療関係者、教育者などによる科学的知見・実践的な意見を踏まえなければ、正しい判断は下せない。もちろん、アフターピルの解禁に道徳的立場から賛成、反対の立場もあり得る。どのような政策にも、正負の側面がある限り、一般市民の意見を考慮することも必要となる。しかし、適切な判断を下すためには、正しい情報が手元になければならない。一般的にこうした学習の時間や量は多ければ多いほどよいとされるし、事務局から事前に届けられる資料を読み込み、さらに専門家らの意見を聴取するといった複数段階が用意されていた方が、より効果的な学習ができる。

さらなる条件は、以上の情報・意見をもとに、熟議と討議が行われることだ（**③市民による討議**）。これは、参加人数や日数によっても方式は変わるが、十分な時間と対話が確保できるように設計されなければならない。参加者が多ければ分科会方式ないしラウンドテーブル方式が採用されるべきだし、その参加者を順次入れ替えていってもよい。熟議・討議の場面では、様々なエビデンス（証拠と論拠）に照らし合わせて、政策や目標をどう評価すべきか、その他にどのような方法や選択肢があるのかが検討されることになる。最終的には結論を出さないとならないが、そこに至るコンセンサスを重視するのか、投票によって決めるのか（これも単一の選択肢なのか、複数の選択肢に優先付けするのかなど様々な方式があり得る）、双方を組み合わせるのか（コンセンサスを得られた選択肢について投票するなど）など、いくつかの方法がある。

また、熟議の場でのファシリテーターの存在も欠かせない。実際の対話の場面では、どうしても発言の多い人や自身の意見に固執するような人の存在が目立つことになる。公平な意見表明ができるような機会を確保し、議論の流れを整理し、参加者の総意がどこにあるのかを確認する第三者の存在は、熟議を円滑に進めるために不可欠であり、できればファシリテーションの専門家や訓練を受けた人間がその任に当たることが望ましい。さらに、運営の主体とは別に、全体の運営に瑕疵《かし》がないか、問題が生じた時に必要な決断を下す利害当事者ではない第三者委員会を組織しておくことも必要だ。

四つ目の条件は、透明性と参加者のプライバシーの保証だ（**④公開性と匿名性**）。この2つは、いずれの形であっても、民主政治の機能のために欠かせない条件だ。くじ引き民主主義に参加する市民（ミニ・パブリックス）は、あくまでも一般の人々（パブリックス）を代表していることを存在理由にしている。ならば、彼らの対話がどう進んでいるのかは、一般の人々も知られるようにしておかなければならない（逆に知られたくないような議論をしているのであれば、それはミニ・パブリックスではないことになる）。ケース・バイ・ケースだろうが、参加できない人も、くじ引き民主主義の場で何がどのように話し合われているのかを知ることができるようにしておくことが望ましい。他方で、くじ引き民主主義の参加者の匿名性も保証されておかなければならない。もし彼らの討議の結果が公的な意思決定に影響するとして、その決定によって影響を被る人々からの圧力や、メディアの一方的な報道からは隔離されなければならないからだ。また、どのような発言や意見があったのか、特に本人が望まないのであれば、公開してはならない。この透明性と匿名性という2つの原則は、相反するものだ。これは情報公開の方法や参加者の同意などによってクリアすべき問題だろう。

最後の条件は、くじ引き民主主義で出された結論がどのように活かされるか、予《あらかじ》め明確にしておくことだ（**⑤目的**）。先のくじ引き民主主義の分類でみたように、熟議・討議の結果が、どのように、そしてどこまで公的な決定（法案化や制度化）に反映されるのかには、幅がある。しかし、自分たちが参加して討議した結果が、参考意見としてだけ処理されるのか、それとも何らかの実際的な政策へと帰結する可能性があるのかによって、参加者の態度や必要な情報の種類も変わってくる。つまりは、「何のためのくじ引き民主主義なのか」ということを、参加者のみならず、それによって影響を受ける可能性がある共同体の全員に事前に周知しておかなければならない。

普遍的な方法として

くじ引き民主主義がくじ引き民主主義であるための条件は、以上の**①代表制**、**②情報提供**、**③市民による討議**、**④公開性と匿名性**、**⑤目的**を満たすことにある。逆に言うと、これらの条件が満たされるのであれば、くじ引き民主主義は様々な方法や局面で用いることができるということになる。

メディア史を専門とする佐《さ》藤《とう》卓《たく》己《み》は、戦前のように「世論《せろん》」と「輿論《よろん》」という言葉を分けて用いるべきだと主張している。それというのも、前者は好き嫌いを基準とした私情を前提とした民意であり、後者はより公的な関心を基準とした理性的討議を経た民意を意味していたからだ。この区分に沿っていえば、くじ引き民主主義は世論を輿論へと転換する装置だともいえるだろう。

民主主義という言葉や概念には、理念や制度、態度など様々なものが含まれるが、それは目的であると同時に、手段でもある。目的というのは、共同体のことを共同体の構成員全員が決めているという感覚や実感を持つことであり、手段というのは、共同体のことを共同体内の平等な構成員全員によって決める、ということだ。くじ引き民主主義も、目的であり、手段でもある。例えば企業でくじ引き民主主義を導入して社員1人1人に当事者意識を持って主体的に業務に取り組んでもらうことができれば、結果的にその企業はより民主的になるだろう。教育現場でのくじ引き民主主義でもって生徒・学生の学習意欲や主体性を涵養することができれば、その教育機関はより民主的になるだろう。自分たちで自分たちの抱える課題を解決するための方法を模索していけば、その組織、地域や国は、より民主的になっていくのである。

先の章では、選挙を軸として作動する代表制民主主義が、実態としても、構造的にも、実効性ある形で民主主義を作動させていない原理的な理由をみてきた。しかし、だからといって民主主義が諦められてよいわけでもない。ならば、求められるのは、新しいかにみえる、しかし過去に人類が我が物としてきた、異なる民主主義を駆動させることである。その試みこそが、世界各地で手掛けられているくじ引き民主主義なのだ。

もちろん、こうした民主主義のイノヴェーションを求める思想や運動は、今に始まったことではない。くじ引き民主主義は現代になって展開してきた「参加民主主義」と「熟議民主主義」という潮流と不可分の関係にある。くじ引き民主主義が、数多ある民主主義の実践のひとつだとして、次章ではこれがどのような民主主義の潮流の中に位置づけられるのかをみていこう。

第3章

参加して、議論する民主主義

前章までで、私たちが普段接する民主主義の様式は選挙による代表制民主主義であって、それは様々な不満や批判の対象となっており、構造的な欠陥を抱えていることを確認した。もし、民主主義イコール代表制民主主義ではないのだとしたら、民主主義の異なる側面が探求されなければならない。

くじ引き民主主義はそうした試みのひとつに数えられるが、それ自体もまた、代表制民主主義の問題を乗り越えようとしてきた民主主義の系譜の中に位置づけられる。くじ引き民主主義は、実践上の理念であるだけでなく、民主主義についての過去の異なる考えや捉え方の延長線上に位置づけられるものだ。そうした理解なくして、くじ引き民主主義の必要性は理解することができないだろう。この民主主義の異なる理解とは、「参加民主主義」とこれに続く「熟議民主主義」のことだ。

「参加民主主義」とは

参加民主主義という新たな理念が主張されたのは、１９６０年代から１９７０年代にかけてのことだ。この時代は、終戦直後に生まれた世代（ベビーブーマーやアプレゲール世代と呼ばれる）が、高度成長と高等教育の拡大とともに、社会の中心に躍り出ようとしていた時期に当たる。第二次世界大戦後は、『文明の衝突』論で有名な政治学者ハンチントンが指摘した19世紀半ばのそれに続く「民主化の第二の波」を経験した。ここでは、日本やドイツといった敗戦国を含む多くの国で、民主主義が制度としてのみならず、価値や理念としても尊ばれることになった。その時代を当たり前のものとして生きてきた世代は、戦前的な価値を否定し、戦後の民主化運動の担い手となったのである。アメリカでは公民権運動やウーマンリブ、ヨーロッパでは学生・労働運動、日本では安保闘争や大学紛争として、同時多発的な民主化運動が世界で勃発し、いわゆる「左翼」と異なる「ニュー・レフト（新左翼）」的な政治が生まれた。各国固有の文脈があるものの、いずれも戦前世代が作り上げた制度（政治、企業、大学）の権威主義的・家父長《かふちょう》主義的な価値や態度を非難し、自治や自己決定権を求めることに特徴があった。歴史社会学者の小熊英二《おぐまえいじ》は、学生らによる社会運動がこの時代に大々的に広まったのは、「『われわれは代表されていない』という感情」が広く共有されていたからだ、と指摘している。

もちろん、運動に参加した彼らや彼女らにも参政権や被選挙権はあった（そして、こうした運動を経て多くの先進国で投票年齢は20歳から18歳ないし16歳へと引き下げられた）。しかし、「代表されていない」という感覚は、単に選挙の次元に解消されるものではない。政治家や政党があっても、自分たちが望むものを掲げてくれない、そもそもそうした政治家が作り出す世界に住みたくないという感覚こそが「代表されていない」という意識につながったのである。21世紀になって多くの国で当たり前の価値観となったエコロジー意識やフェミニズム、マイノリティの権利尊重などは、元をたどればこの時代が生み出したものであり、それは現代政治の大きな転換点でもあったのである。

そして、参加民主主義というコンセプトは、この時代と伴走するものだった。

参加民主主義という言葉をこの時代に一躍広めることに貢献した代表的な論者にキャロル・ペイトマンという政治学者がいる。彼女は主著『参加と民主主義理論』（原著１９７０年）で、過去の学者が広めてきた民主主義理解を批判した。曰く、現代の政治学は既存の統治機構や制度を解明することに過度に集中しており、ここから、これを動かすエリートに限定して民主主義を理解する傾向にあった。さらに、戦後に普通選挙が一般的になった（多くの国で女性の参政権が認められたのは１９２０年代のことだったが、フランスや日本では戦後を待たなければならなかった）ことで「大衆論」が流行ったように、知識や関心のない有権者の政治への参加は少ない方がいいとまでみなされてきた、としている。

こうした趨勢に対してペイトマンは、Ｊ・Ｓ・ミルやルソーといった思想家、またイギリスの社会主義理論家のG・D・H・コールなどの著述を通じて、人々は政治に参加することで、その人格的発展を成し遂げることができると主張した。民主主義にとって無関心は問題であり、いやしくも民主主義を名乗るのであれば、むしろ人々の参加を促した方が民主主義は花開く、というわけだ。

こうしたペイトマンの主張は、今となっては当たり前に聞こえるかもしれないが、当時の民主主義論でのひとつの転換点でもあった。それは、投票や選挙の場面以外でも民主政治が存在しなければならないことを主張し、そこに個人の人格的涵養の契機を見出したからだ。彼女が主たる論敵に据えたのは、創造的破壊という言葉で有名な経済学者シュンペーターだが、彼の民主主義の定義とは、エリート同士の競争というものであった。これに対してペイトマンは、「こうした民主主義理論はもはや『民衆』の参加、すなわち普通の人々の参加に焦点を合わせてはいないし（略）普通の個人の政治に関連した必要な資質を発展させるものとしてみなされているわけでもない」と反論した。

参加民主主義論のさらなる新しさは、旧ユーゴスラヴィアで実践されていた労働者の自主管理が紹介されているように、民主主義を政治の世界（日本風にいえば「政界」）だけのものとみなすのではなく、広く職場や企業で実践されるべきものと再定義したことにあった。ペイトマンは「産業民主主義」という言葉を用いて、様々な検証から、産業内が平等で、労働者の参加意識が高い方が経済効率性も高くなる傾向が認められる、としている。この時代では「企業内民主主義」という言葉も流通したが、いわば個々人を取り巻く生活環境のあらゆる場面において、参加を通じた民主的価値を実現していかなければならない、という考えが根底にあった。

ペイトマンと並ぶ参加民主主義の重要な論者は、カナダの政治学者、C・B・マクファーソンだ。彼は同じく参加民主主義を訴えた『自由民主主義は生き残れるか』（原著1977年）で、過去の民主主義を時代順に3つに分類している。ひとつは「防禦《ぼうぎょ》的民主主義」と呼ばれるもので、ここでは19世紀のブルジョワを中心とした議会制民主主義が民主化し（ハンチントンのいう「第1の民主化の波」）、労働者の政治参加が認められるようになった。しかし、この時代、私的所有権の原則は譲られず、政治参加も限定すべきとの意見が支配的なままだった。次に来るのが「発展的民主主義」と呼ばれる、19世紀後半から20世紀初頭にかけての民主主義であり、ここでは民主主義が政治的発展のみならず、人々の道徳的な意識を高めることが期待されていた。もっとも、この民主主義は労働者階級の政治参加を恐れて経済的平等を実現することができず、コミュニズムとファシズムからの挑戦を受けることになった。

そして、戦後に登場したのが「均衡的民主主義」だったという。これは、先のペイトマンの批判したシュンペーター的な民主主義理解であり、エリート、すなわち政治家同士の競争によって民主主義の安定を目論むものだった。マクファーソンはしかし、競争による均衡という、市場とのアナロジーから捉えられる民主主義は、市場と同じく、安定は望めない、という。市場が大企業の寡占や消費者の不利益を生むのと同じように、政治でも政党と政治家に対して有権者は不利な状況に置かれることになるからだ。これは、第１章でみた代表制の構造的欠陥のひとつということになる。

以上の３つの民主主義に続いて、マクファーソンは「参加的民主主義」が追求されなければならないとする。その実現には、人々は自らが民主的社会の当事者であることを意識するとともに、政治参加を妨《さまた》げる要因である社会的・経済的不平等を是正すべきだとも説いた。こうした結論に彼が至ったのには、民主主義は、人の幸福を可能にする「個人の効用の極大化」と、個人の権力を拡大する「個人の力の極大化」の２つを同時に可能にする以上に、人々の人格的発展を可能にするものでなければならない、という信念が横たわっている（『民主主義理論』原著１９７３年）。

ペイトマンと異なって、民主主義の発展論的解釈をとるマクファーソンは、それぞれの類型の折衷《せっちゅう》的な民主主義を推奨しているため、「参加的民主主義」が過去の民主主義を完全に代替すべきだとは考えていなかった。興味深いのは、マクファーソンが整理した民主主義の類型は、それぞれ選挙権、すなわち誰が政治に参加することができるのか、を基準としていることにある。「防禦的民主主義」は議会の民主化が進んで徐々に庶民や労働者層の政治参加が進んでいった時代のものであるし、「発展的民主主義」は女性の選挙権が認められていく時代に当たる。そして「均衡的民主主義」は、普通選挙権が当たり前になった時代の民主主義だった。しかし、戦後民主主義にあって、新たな価値観を備えた若者たちや労働者を迎える民主主義は、まだ登場していなかった。そこでマクファーソンが唱えたのが「参加的民主主義」だったのである。

　ペイトマンにせよ、マクファーソンにせよ、現在の基準からすると弁証的、思弁《しべん》的な議論に終始している部分もあるものの、彼らの主張が広く支持されたのは、この時代に相応しい新たな民主主義理論が求められていたからだ。歴史を振り返れば、民主主義は常に「新規参入者」を迎え入れることで、発展を遂げてきた。王政に対する改革派貴族やブルジョワ、その貴族とブルジョワジーが作った議会制民主主義に対する庶民・労働者層、そして戦後には急進的な政治意識を持った若年層を包摂できる民主主義が求められていたのだ。それは、政治への新規参入を求める者たちを排除するのではなく、システムに統合しなければ、民主主義は安定しないからだ。

「熟議民主主義」の登場

では、その共同体で市民権を有するものであれば、その大方が政治に参加する資格を持つことが許されるようになった現在、新たな民主主義の理論、言い換えれば現代における「参加民主主義」の議論はもう求められていないのだろうか。

これに否、と答えたのが「熟議（討議）民主主義論」である。「熟議（討議）」は、「deliberative」という英語の翻訳だが、「deliver」は「熟慮」という意味合いを持ち、ここから「deliberation」は「討議」と「考える」という意味を含んでいる。こうしたニュアンスを活かすために日本語では「熟議」という訳語を充てるのが一般的になった（発案者は法哲学者の井上達夫《いのうえたつお》）。

訳語を解説したのは、言葉自体が熟議民主主義の特徴を表しているからだ。つまり、これは人々との間の理性的な討論を通じて、課題を解決していくことを推奨する民主主義だ。当たり前に響くかもしれないが、その必要性が説かれたのは故なしのことではない。熟議民主主義に至る発想は１９６０年代からみられたが、その大きな発展の契機となったもののひとつは環境問題だった。

環境問題の重要性を早くから認め、民主主義理論とつなぎ合わせて、熟議民主主義論の立役者の１人となったのは、オーストラリアの政治学者ジョン・ドライゼクだ。彼は『合理的エコロジー』（１９８７年）や『地球の政治学』（１９９７年）を著し、当時の環境にまつわる様々な言説を整理して、エコロジーにまつわる問題を解決するためには、人々の議論をベースとした「討議民主主義（discursive democracy）」が必要になると説いた。

ドライゼクの議論をまとめれば、以下のようになる。環境問題の解決には、しばしば技術的解決に期待が寄せられる。しかし、そもそも科学技術の発展こそが環境問題を引き起こす原因になっていることを考えれば、新たな解決手段は新たな問題を生むことになるゆえ、根本的な解決にはつながらない。しかも、社会は複雑にできている。例えば、温室効果ガス削減のために原子力を推進するとして、この原子炉によって生じ得る環境汚染はどうするのか。自動車が電気自動車に置き換えられていくとして、製造過程でガソリン車よりも多く温暖化ガスが排出されるという問題をどうするのか——つまり、小手先の手段では環境問題は解決できない。かといって、人間生活の水準を引き下げて環境を保全するという方法は受け入れがたい。環境に優しいかどうかを基準にして、新たな不平等を作り出すわけにはいかない。だから、決定的に重要なのは、人々が自らの思考と行動の変容を起こすような、すなわち「改心」をするようなきっかけや場所を提供することが必要になるというものだ。

１９９０年に著された『討議民主主義』という本では、ドライゼクは制度による問題解決は様々な袋小路に陥るため、人々の平等的な討議（哲学者ハーバーマスのいう「コミュニケーション的合理性」）を活発化していくことで問題解決をすべきだと主張している。ここに至って、彼のいう「民主主義の熟議的転回」が表明されることになる。第1章でみたように、既存の政治制度が信頼されていない中で、いくら政策を打ち出しても、それは無益であるばかりか、むしろ反発の対象となる。そうであれば、人々の関心が集まっている問題を取り上げ、そこで理性的な検討と解決策を模索できる「討議のためのデザイン」を構想することが重要とした。ここでのポイントは、民主主義の目的とは「問題を討議」することにあり、そのためには多様な言説や意見が反映されなければならず、その人の属性や何を代表しているかは二の次になるということだ。ドライゼクはその後、こうした民主主義を具現化するための「言説院」の設置を唱えるに至る。

ドライゼクの議論は複雑なロジックでもって組み立てられ、その立場も時代を追って変化しているが、ここではなぜ彼の熟議民主主義論が注目されなければならないのかを強調しておこう。参加民主主義は、新たな有権者を迎えることで求められた民主主義論だとしたが、環境問題を起点として、熟議民主主義は未来のまだ見ぬ世代を社会の一員とみなし、民主主義のバージョンアップを目指すものでもあるからだ。属性を超えた未来への責任こそが、人々が理性的な討議へと向かう契機になるはずなのだ。

「熟議民主主義」の実践へ

熟議民主主義は１９９０年代から政治理論分野での大きな流れを作ることになったが、その理念を実現しよう、という試みもみられるようになった。それがくじ引き民主主義のひとつの手法であり、熟議する市民を意識した、第2章で紹介した「討論型世論調査（ＤＰ）」だ。みられるように、最初の試みは１９９４年のことだったが、その後、アメリカを中心に世界各国へと広がっていくことになった。

ＤＰの概略は以下の通りだ。まずくじ引き（無作為抽出）で選ばれた市民１５０～３００人が報酬を得て、週末に集められる。彼らは事前にテーマや課題についての情報提供を受けており、その上で10～15人のサブグループに分かれ、それぞれのテーマについて討議を行う。

そこで出た疑問は、専門家による解説や解答が得られる。また、この間、世論調査が行われ、無作為抽出される母集団、さらにそこから調査に参加する人に討議前と討議後にアンケートがとられる。そして、最後に参加者の意見がどの程度変化したのかが測定される。

この討論型世論調査を事業として行っている政治学者フィッシュキンは、これが機能するためには、情報が信頼できること、参加者の意見が多様であること、討議がバランスのとれたものであること、参加者が誠実であり、他人の意見を傾聴することが必要だという。そのため、実際の討議の場では、公平性を確保するため、議論の進行役としてファシリテーターが配置される。ファシリテーターの役割は議論をリードしたり、主題を説明したりするのではなく、あくまでも発言機会を公平にしたり、議論を整理する役割に徹することにある。

では討論して、人々の考えはどの程度変化するものなのか。社会工学者の坂《さか》野《の》達郎《たつろう》は、過去の13のＤＰのデータから平均７・５％の変化が認められ、それも常識的な意見に収れんする傾向が認められる、としている。フィッシュキンは、１９９０年代後半にテキサス州が主催したＤＰの事例を紹介して、ＤＰによって石油王国の同州の住民でもエネルギーの価格引き下げではなく安定供給を望み、さらに再生エネルギーを好む民意が形成されたという。ここからテキサス州は、風力発電量の最下位からトップへとその後躍り出ることになったともしている。
もちろん、他人の意見に耳を傾ければ、人は常に常識的になるというような簡単な話ではない。まず正確な情報をきちんと理解することが意見の変化につながるという研究もある。ただ、正確で客観的な情報に触れ、立場を忖度《そんたく》しなくてよい見知らぬ大勢の相手と冷静に議論するならば、人々は極端な意見にも、自分の意見にも固執することがなくなる、という傾向は一般的に認められる。これは、ドライゼクの理論的な主張が正しかったことを裏付けるものだ。

なお、フィッシュキンは、やはり熟議民主主義の代表的な理論家のブルース・アッカーマンとともに「熟議の日」を制定することも主張している。これは、重要な国政選挙の一週間前に設定され、登録有権者が15から５００のグループに分かれ、来《きた》る選挙で主要な争点は何かを討議する日の導入を呼びかけるものだ。同時に、投票することを約束すれば、参加のための報酬が提供される。これも、政党主導で選挙が展開し、争点が固定されてしまうことを回避し、有権者自らの手で何が重要かをボトムアップ型で決め、政治に参加することを目標にした構想である。

「参加」の落とし穴

くじ引き民主主義は、熟議民主主義の類型のひとつだが、これは参加民主主義とどのような関係にあるのか。いずれも、代表制民主主義の機能的・制度的欠陥を補完するものであることは間違いない。

フィッシュキンは、国政レベルを対象に含める民主主義理論は4つしかないとしている。**競争的民主主義**、**エリートによる熟議**、**参加民主主義**、**熟議民主主義**の4つだ。このうち、競争的民主主義とエリートによる熟議は、代表制民主主義の核をなす。つまり、選挙ではエリートが競争して民衆の支持を獲得し、民衆のための決定を議会で熟議して決定するものだ。

参加民主主義と熟議民主主義は、これと真逆の立場になる。参加民主主義は、投票だけによらない民主主義を目指し、熟議民主主義は、これに加えて、市民が熟議することによって、自身たちの手で賢明な判断を下すことを目標とする。

より広くみれば、熟議民主主義は参加民主主義の類型のひとつに数えることもでき、そのように捉える政治学者もいる。もっとも、よく精査すれば、参加民主主義と熟議民主主義には違いもあることがわかる。

ひとつは、政治参加は、その機会が不平等に配分されている、ということだ。政治参加と聞いて、「意識高そう」「ハードルが高い」といった印象が持たれるのであれば、それはその人の持っている資本や資源が限定されているためだ。政治に自分の意見を反映したいと思うのであれば、まず自分が特定の政策的課題について、特定の意見を持っていないとならない。そして特定の意見を持つためには、関心を最初から持っており、それなりの教育や情報処理のノウハウを持っていなければならない。また、1人で政治参加をするのでは効果も望めないことが多いだろうから、同じ意見や行動力を持っている仲間がいなければならないだろう。こうした政治参加を可能にする環境や資源は、その人の生まれ育った家庭、親の職業や知識、受けた教育内容に左右されてしまう。一般的に、投票に行くかどうか、支持政党を持っているかどうかは、教育の程度に応じて決まるとされている。そして、質の高い教育を受けるために、ますますお金が必要になっている現代では、政治スキルや知識そのものに、最初から格差が埋め込まれていることになる。参加民主主義が求められたのも、戦後の高等教育が行き渡っていった中での出来事だったことを思い出そう。だから、参加民主主義を唱える者がそこに政治的な教育効果が生まれるといっても、そもそもからして、そこにたどり着くまでには高いハードルが課せられているのだ。

さらに参加民主主義には、共通の意識を深め、よりよい解決策を共同で討議する、という仕組みを内在的には持ち合わせていない。投票、デモ、投書、請願、意見表明など、政治参加には様々なものが含まれるが、それらはいずれも討議や熟議が必ず付随するわけではない。もちろん、投票であろうが、デモであろうが、それを何のためにやるのか、なぜそういう選択をするのかは、事前でも事後でも、同じ行動をとる人々との間で検討され、共有された方がよい。しかし、集団的な政治参加の場合、そもそも同じ目的を持つ人々が集まるのであるから、目的そのものが反省されることは少ないだろう。

　そう考えると、政治参加によって仮にその参加の目的が達成されたとしても、不平等が再生産され、強化されることになる。特定の問題に関心を寄せて、その問題解決のために行動する人々がおり、彼らの要求や主張が実際の政策や法律に反映されたとして、その影響や恩恵は参加をしなかった全員が受けることになる。賛成か反対かは脇に置いて、仮に同性婚を求める人々のデモが広がって、これが認められたとしよう。そこに同性婚に反対する人たちが介在する余地はない。あるいは、２０１１年の３・11後に広がった反原発デモを受けて、時の野田政権が脱原発を決め、その結果として電気料金が高くなったと仮定してみよう。日々の生活に困窮《こんきゅう》している人は、この決断を快く思わないだろう。

　つまり、こうした課題に賛成か反対かではなく、その決まり方が問題なのだ。政治的決定に反対する人々の意見が無視されてしまっているからだけではない（だから、例えば同性婚に反対する人たちは、選挙で決めればよいというだろう）。最初から自分が必ずしも関心のない事柄について、物事が決まってしまっているという、民主主義の正当性が失われかねないことが問題なのだ。

参加×熟議＝？

これに対して熟議民主主義は、その人の意識や資格に関係なく万人の政治参加を可能にするため、平等性という意味では参加民主主義よりも公平な民主主義だといえる。しかも、くじ引き民主主義であれば、社会を再現した形の集団が作られる。参加民主主義は、政治的な課題に特定の意見を持ち、関心のある人だけが政治に参加しようとするのに対して、熟議民主主義は関心がない人も、重要だとされる争点や課題で自分の意見を形成できるという利点を持っている。参加民主主義は、当事者しか政治に参加しない。しかし熟議民主主義は、皆を当事者にするのだ。

もちろん、この2つの民主主義の長短は鏡合わせでもある。政治参加は、討論はしないかもしれないが、行動が伴う。熟議は、行動はしないかもしれないが、討論はする。また、政治参加は必ずしもどのような政治的帰結をもたらすかを予期しない。人々が行動することに意味を見出すからだ。しかし、熟議は合意を前提にしている。そこでは何らかの形で意見を表明することが求められているからだ。

代表制民主主義に埋めがたい欠落があるように、参加民主主義と熟議民主主義にも、それぞれ欠点がある。言い換えれば、民主主義は、それがどのような民主主義であっても、完璧なものにはなり得ないのだ。第1章の最後で紹介した、人はヨリ少ない民主主義か、ヨリ多い民主主義を語りうるに過ぎないという丸山眞男の言葉はこのことを意味している。

もっとも、民主主義が持つ欠陥は、民主主義によって埋めることが可能だ。思想的なアナーキズムやコミュニズムを別とすれば、代表制民主主義そのものを消滅させてしまおう、という政治的な立場は、もはや、ほぼ存在しない。現実政治でも、ナチズムは議会を骨抜きにはしたが、廃止はしなかったし、イタリアのファシスト政権も協同体院という、職能代表制の議会を設置した。

より広く位置づければ、選挙による代表制民主主義は、間接民主主義の一類型であり、参加民主主義と熟議民主主義は、直接民主主義の系譜に位置づけられる。ここでいう直接民主主義とは、有権者たる成人市民が重要な政治的決定、すなわち自身が属する共同体に関わる事柄について、議論と投票を行い、そこで講じられる措置を決定する方法のことだ。ただ、参加民主主義でこうした市民が自動的に政策の決定の主体になるとは限らず（この点から参加民主主義を直接民主主義には含めない場合もある）、反対に熟議民主主義は、その意向がどの程度実際の政策に反映されるかはさておき、特定の課題についての民意が応答するという意味で、より直接民主主義に近い民主主義といえる。

時系列にみれば、参加民主主義から熟議民主主義への流れがあり、そこから両者を同じ潮流として捉える立場もあるものの、両者の違いは残る。参加民主主義を唱えた人々がその行為を通じて人格的な涵養と政治的な教育がもたらされるのを期待していたことは先にもみたが、そうした行動力は熟議民主主義には求められない。くじ引きで偶然に選ばれた人が公共的な意思決定に携わることが求められるようになるからだ。もちろん、その経験を通じてその人が政治的意識を敏感なものにしていく可能性は十分にある。しかし、様々な形で不平等に配分される政治参加のための意識は、少なくとも熟議民主主義には求められない。

さらに、参加民主主義は、その歴史の長さもあって、様々な場面での制度化が進んでいる。国民投票や住民投票は参加民主主義のひとつだが、これは20世紀に入って（あるいはそれ以前から）広く活用されてきたし、実際に活用されてもいる。もっと小規模には、アメリカではタウンホール・ミーティング（政治家と有権者が平場で議論する会）が行われているし、日本では公共事業を行う際に、関係者のヒアリングやパブリック・コメントを求めることは当たり前になった。参加民主主義の特徴は、意見を表明したい人を前提としていることは先に指摘した通りだが、少なくとも、特定の政治的な課題や争点について、意見を表明する権利や機会は法的にも制度的に保障されているのが、現在の民主主義国では普通のことになった。後は、それがどの程度活用されているのか、という問題になる。

　これに対して、熟議民主主義は第２章の事例でみたように、公式的なものとして利用される場面はなくはないものの、その多くが主催者や行政当局の意思によってアドホックに企画されているに留まっている。一方で、こうした熟議民主主義が増えてきているということは、その潜在的な可能性に期待が集まっているということであり、実際の市民もそれを好ましいと思っていることもすでにみた。そのためには、一層の制度化や法的な位置づけが待たれているといえるだろう。

　繰り返しになるが、重要なのは、ひとつの民主主義だけで民主主義は完成しないということだ。くじ引き民主主義や熟議民主主義は、代表制民主主義の欠点を補完するものであり、その限りでは参加民主主義と同じ機能を果たす。そして、参加民主主義が政治行動や表現に

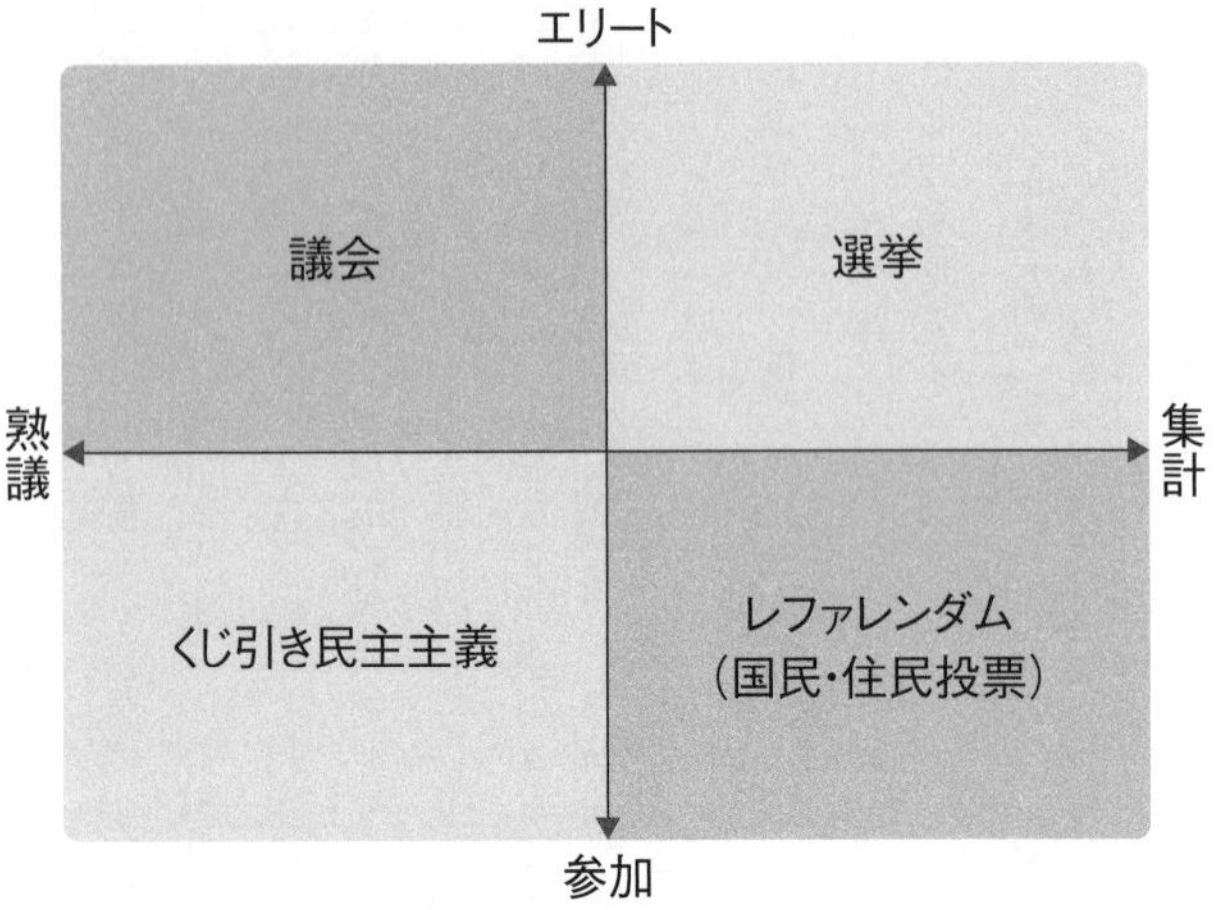

図6　民主主義の4つの決定方法

岡崎清輝氏の議論をもとに作成

過度に力点を置くという特徴を持っているのであれば、熟議民主主義による熟慮や討議によってこれを補完することができる。多様な民主主義こそが、民主主義を可能にする。求められるのは、隙間がなく、切れ目のない、フルスペックの民主主義であり、熟議民主主義はそのために欠かせない部品のひとつなのだ。

民主主義のカルテット

どの民主主義がどのような特徴を持っているのか、簡単な分類を試みよう。**図6**は、民主主義的な決定の方法を示したものだ。

ここでは4つの象限《しょうげん》があるが、それぞれが異なる民主主義を示している。第一象限にあるのは、私たちが慣れ親しんでいる選挙を通じた民主主義だ。これはまた、主権者の投票する票を集計し、文字通りの「選民」を作ることで、エリートを生み出すことによって機能する民主主義だ。

　第二象限は、こうしたエリートが作り出す民主主義だ。選挙で選ばれたエリートたちもまた、彼らが権能を発揮する場所である議会で、話し合いや説得からなる熟議を通じて、意思決定を下し、法案を可決することになる。

　対する第三と第四象限は、エリートを作ったり、これらに決定権を与えたりせずに、普通の有権者や市民が決定や熟議を行う民主主義となる。うち、第四象限は、レファレンダムと呼ばれる、住民投票や国民投票だ。これは、有権者であれば誰しもが、提示された争点について賛成か反対かの意思を表明することのできる、参加民主主義である。ただ、ここでも選挙と同じように、人々は予め自分の意見（選好）を持っていなければならず、一度投じた票は撤回できない。

　くじ引き民主主義が位置づけられるのは、参加と熟議からなる第三象限だ。人々はその地域や国の住民であれば、誰でも選ばれる可能性がある。そして、その場では特定の争点や課題について話し合いを通じて意思表明をすることが求められる。ただ、そこでは人々が相互に話し合いをすることが前提条件になっているから、人の意見に耳を傾けて自分の意見を修正したり、反対に自分が意見を表明して他人のそれが変わったりする可能性を持っている。いわば、やり直しの利く民主主義ということになる。

以上のように、民主主義的な決定の仕方を整理したところで、今度はそれぞれがどのような特徴を持っており、内部でどのような要素が働くのか、そのメカニズムを見ておこう（**図7**）。

ここでは、それぞれの民主主義は異なる特徴を持っていることがわかる。

代表制民主主義の核をなす、競争的民主主義とエリートによる熟議の間にも違いは存在する。前者は多数派を作るために競争をしたり、他人を説得することが特徴になっているのに対し、後者は反対に合意形成を図ったり、相互理解を深めようとする。他方の極にある直接民主主義の核をつくる参加民主主義と熟議民主主義の違いは先に見た通りだ。この中で、くじ引き民主主義はミニ・パブリックスを形成し、彼ら・彼女らを熟議へと誘い、意思表明を求めるという意味で、熟議民主主義としての性格を色濃く持っている。

大事なのは、それぞれの違い以上に、それらが得意とする領域とそうでない領域があると

	競争的民主主義	エリート熟議	参加民主主義	熟議民主主義
長所	正当性	安定性	新しい問題提起	平等な参加
短所	有権者との距離	少数の合意	不平等な参加	合意が前提
理由	勝ち負けを 通じて 多数派を作る	特定の課題に ついての 意見交換	特定の課題に ついての 意思表明	特定の課題の 解決方法
選好	固定的	存在しない	固定的	可変的
様式	競合	意見交換	行動	熟慮
目的	選挙	合意形成	変革	決定
関係性	意見の涵養	関係の構築	啓発	選択肢の形成
目標	多数派の形成	相互理解	新しい争点形成	意見の形成
手段	説得	理解を深める	発話	共通の意識形成
態度	攻撃的	相互理解	説得的	課題の理解
制度化の程度	制度的	非制度的	制度的／非制度的	制度的／非制度的
決定スピード	早い	早い／遅い	早い	遅い
結果	決定	決定	政治化	共通項を作る

図７　民主主義のカルテット

Bone et al.2006 “Deliberation Forums: A Pathway for Public Participation” , in R.J.petheram, & R.Johonson(eds.),*Practice Change for Suustainable Communities,* The Regional Institute Ltd.,
および J. フィッシュキン『人々の声が響きあうとき』（2011 年）を参考に作成

いう点だ。政治である以上、それぞれの立場を明確にした上で意見を戦わし、どの意見に賛同する人々が多いのかを問わなければならない局面もある。そうした状況での民主主義の形としては、競争的民主主義が適しているだろう。反対に、対立があまりにもひどく、決定すらもできない時は、信頼できる仲間内、つまりエリート間で妥協することも必要だろう。また、こうした既存の政治から無視されていたり、既得権益であるゆえに改革すべきではないとされたりする争点があり、それらが政治の場で討議されるべきだと訴える時は、参加民主主義が有効なモードとなるだろう。

その中で熟議民主主義の特徴とは何か。

これまでの指摘に加えて3つ加えておこう。ひとつは、人々の意思や意見（選好）が、情報に触れたり、対話を通じて変化したりする可能性を持つことだ。人は、ある問題や課題について、特定の意見を持っているだろう。しかし、それが正しいのか、他人からみてどう思われるのかを必ず知っているとは限らない。そこであえて自分の判断を留保して、客観的な情報や他人の意見に触れると、その意見が修正される可能性が出てくる。競争的民主主義での投票や、参加民主主義での行動と異なって、こうした選好の可変性こそが、熟議民主主義の持つ強みだ。

もうひとつは、くじ引き民主主義に参加する中で、人々の間で共通項が形成されることだ。もちろん、個別のくじ引きで選ばれる人々の数は、そう多いわけではない。選挙で投票する人々と比べれば微々たる数に過ぎない。しかし、くじ引き民主主義に参加する前と後では、こうした人々の意識は大きく変わっている可能性があるばかりか、特定の空間と時間をシェアしたことによって、政治的なクラスターができる。選挙が他人との違いを表出させる機能を持つのに対して、くじ引き民主主義は他人との共通項を作り上げるのだ。こうした他人との相互了解の回数や場所が増えることは、社会の分断を緩和することに貢献するだろう。

その他の民主主義と比べた最後の特徴は、相対的に手間と時間がかかるという、短所にみえる点だ。熟議は放っておいて成り立つわけではない。意味ある熟議のためには、入念な準備が欠かせない。くじ引き民主主義でいえば、優位なサンプルが作れるよう、無作為抽出を行い、その中から希望者を募り、さらにそのサンプルが母集団の縮図となるようにし、十分に客観的な情報を提供した上で、ファシリテーターによって対話を進めなければならない。エリートの熟議や参加民主主義は、基本的には当事者たちだけで完結する。しかし、熟議民主主義はその空間を成立させ、維持する外部の支えがなければ成立しないのである。

「正解のない時代」の正解とは

民主主義のカルテットには、以上のような特徴がそれぞれにあり、熟議民主主義に位置づけられるくじ引き民主主義の性格もみた。人それぞれに個性があるように、民主主義にもそれぞれ個性がある。そうであれば、人間社会がそうであるように、それぞれの民主主義の個性を伸ばすことが、総体として豊かな民主主義を作り出していくだろう。

もっとも、現代社会だからこそ、くじ引き民主主義がより必要とされている理由もある。それは、現代が高度の「リスク社会」である事実に求められる。

この「リスク社会」という言葉は、ドイツの社会学者ウルリッヒ・ベックによって広められた言葉だ（メルケル政権の脱原発を後押しした「倫理委員会」のメンバーとしても知られている）。彼はチェルノブイリ原発事故が起きた１９８６年に公刊された『危険社会』で、生活水準を押し上げる科学技術こそが、現代社会でのリスク要因になっている、と診断した。例えば、原発は確かにエネルギー効率を高めるかもしれないが、他方では甚大な被害を及ぼす可能性がある。遺伝子操作作物は、食糧生産を容易なものにするかもしれないが、健康に与える影響は未知数だ。しかも、こうしたリスクに晒される個人は、階級や家族といった、それまで人々にセーフティネットを提供していたものが衰退しているために、より脆弱《ぜいじゃく》な立場に追いやられている。しかも、こうしたリスクに貧富の格差は関係ない。なぜなら「貧困は階級的で、スモッグは民主的」（ベック）だからだ。

「リスク」は「危険」と異なって、予測も予知も難しい。なぜなら、科学技術の発展そのものが新たなリスクを生み出し、それがさらに別のリスクを生み出すという、相互連関的かつ相互作用的に生じるものだからだ。ゆえに、ひとつの問題を解決したからといって、危険が除去されるわけではない。これは、先にみたドライゼクと類似する立論だ。

だから、リスクはただ確率論的に予期されるに過ぎない――複雑な因果関係を持つリスクは、こうして専門家によって測られることになるが、しかし専門家ができるのは、リスクが生じる確率と、もし生じた場合、どの程度のダメージが生じるのかの計算に留まる。これは、２０１１年の東日本大震災の際の放射能の拡散、さらに２０２０年からの新型コロナウイルスのパンデミックを経験した我々ならば、十分に理解できる指摘だろう。科学であっても、ある特定の条件下でこの程度のことが、これくらいの確率で生じ得るということ以上は推測できないのだ。だから、そのリスクをどこまで引き受けるかどうか、民主的な社会においては、私たち１人１人の選択に委ねられている。

ベックは、別の議論で「再帰的近代化」という概念も編み出している。これは、現代という時代は、それ自身が生み出したものからダメージを受けるようになっている、という見方だ。産業資本主義の発展やこれに伴う公害・環境問題といった近代化に伴う弊害は、人智によって乗り越えることができるという考え方がある。しかしベックは「再帰的近代化」においては、むしろ自由な行為が可能になった人々の行為が予期せぬ形で影響を及ぼし、それが今度は人々の不安を増大させていくような状況にあるという。

やはりこの言葉を広めるのに貢献したもう一人の社会学者ギデンズは、再帰的近代化によって、人間は自省を余儀なくされ、そのための能力を自ら発展させていくことに希望をつないだが、ベックはむしろ負の側面を強調した。それは、再帰的近代化の時代では、生きることの「意味供給源」が枯渇する一方、個人が自身の生きる条件を自分の手で作り上げなければならず、常に何をどうするかという内省と決断が絶え間なく迫られることになるからだ。結婚をするかどうか、するとしてなぜ結婚するのか、誰と結婚するのか、さらに子どもを設けるのか、そのために働くのか、働くとしてどのように働くのか――こうした選択は、かつてであれば、それほど疑問を持たずにできたかもしれない。しかし、再帰的近代化の時代では、こうした判断は、個々人の限られた時間と能力の範囲で、しかもその帰結がはっきりとせず、さらにその選択の結果の正負（リスク）を含め、個人が主体的に引き受けなければならなくなっている。ベックの言葉を借りれば、わかりやすい「解決」がないにも係わらず「決定」をし続けなければならないという苦渋を背負わされているのだ。

例えば、女優のアンジェリーナ・ジョリーが、自身のＤＮＡ検査から乳がんになる可能性があると指摘され、乳房の切断手術を決断したことが２０１３年に話題になった。この「予防的乳房除術」という行為は、再帰的近代ならではの出来事だろう。技術が発展したことによって、様々なことがわかるようになったが、これによって個人は自己決定を迫られることになる。彼女が本当に癌になるかどうかは、確率でしかない。それでも、そうした不透明な状況を前に、個人は決断を下すことを余儀なくされるのだ。

このハリウッド女優の例は極端に過ぎるかもしれないが、環境問題にしても同じことだ。ＥＵ、中国、アメリカ、そして日本は２０５０年に脱炭素社会を実現することを公約にしているが、それがバラ色の世界とは限らない。電気自動車の製造は、従来のものより部品は8割減、その工程に関わる労働者は3割少なく済むという試算がある。これは製造業の衰退とこれに伴う雇用減少という別のリスクを招き寄せる。再生エネルギーへの置き換えも必要だが、太陽光発電には太陽光パネル、風力発電には風力タービンのように景観が損なわれると感じられるものもある。あるいは、特に日本の場合、原子力への依存を固定化するという選択にもなり得る。リスクを避けようとすることは、直ちに異なる種類のリスクを招き寄せることになるのだ。私たちがますます自由になり、情報を得られるようになることが、逆にリスクを招き寄せてしまう可能性を指摘したのが、ベックのいう「リスク」と「再帰的近代」という概念だった。

言い換えると、「解決」という選択肢が消滅しているのが、現代社会の特質ということになるだろう。特定の問題の解決法が見つかったとしても、それがその他の要素や環境にどのような影響を実際に及ぼすのか、正確に知ることは難しい。あるいは、そもそも、それはある特定の人たちにとっての正解だとしても、異なる地域や国の人々、あるいは同じ街に住む人たちにとっても、正解とみなされるとは限らない。

それでも、共同体単位での決定はなされなければならない。そうでなければ、社会は個人単位の弱肉強食の世界へと後退していってしまう。既存の政治家も、専門家も当てにならないのだとしたら、共同体の当事者が、正解を作り出していかなければならない。もしベックがいうようにリスクを避けられないのであれば、どのようなリスクを、どの程度まで引き受けることができるのか。もはや何を基準にして選択を下したらよいのかわからないにも係わらず、選択の責任を個人が担うしかない再帰的近代の時代に、判断や行動の基準を何に求めるべきなのか。これらは、民主的にしか決定できない事柄なのだ。「正解」があるならば、それに向けて政治家や専門家が妥協や説得を通じてたどり着けばよいだろう。しかし「正解」のない事柄がますます増える時代においては、政治家が課題を提示し、そのリスク評価を専門家が行い、その上で、私たちがどのように解決すべきか決定するしかない。

だからリスク社会の民主主義としては、くじ引き民主主義こそが、もっとも適した形式だともいえる。リスク社会では、そもそも特定の解決策が、問題を解決するとは限らず、むしろ新たな問題を生んでしまう。そうであれば、「正解を探す」のではなく、「正解を作り出す」民主主義こそが求められる。

コロナ禍を経験した今だからこそ、民主主義はより大事なものとしてみなされる。なぜなら、未曾有《みぞう》のパンデミックにあっては、感染者数を減らすのか、人々の日常生活を守るのか、経済をまわすのか、複数の政策的目標が並立し、どれを優先するかは、人によって大きく異なった。そして、政治はそのいずれをも達成しようとしたことで、逆に人々の不安を煽《あお》ってしまったという側面があった。そうであれば、重要なのは政策で決まる内容ではなく、いかにそれが決まるのか、決まったのかという決定のプロセスについての納得がなければ、全員の合意が得られるような政策的目標は存在しないということになる。

くじ引き民主主義は、そのための手段なのだ。ここで**図7**（１３７頁）を再び確認してみよう。熟議民主主義やくじ引き民主主義は、「熟慮」という様式によって、何かを「決定」することを目的にするが、その過程で参加する人々の「選好」は可変的、すなわち変化する可能性を保証している。これは、選好が予め決まっていたり（「競争的民主主義」と「参加民主主義」）、存在しなかったりする（「エリート熟議」）、他の民主主義と異なったものだ。これは、共同体や個人にとっての明確な正解が存在しないゆえ、皆で討論しながら、その解決策を模索する民主主義であることを示している。その過程で、人々が自らにとって最良の選択肢だと考えていたものも、他人との対話によって、変化していくことにもなる。この民主主義のもとでは、知識の多寡や地位の上下が関与する余地はない。平等な個人が平等な資格でもって、熟議によって正解を作り上げる場がくじ引き民主主義なのだ。

第4章

くじ引きの歴史と哲学

首相もくじで決まる?

くじ引きでもって成り立つ世界は、日常生活を送る中で、実はさほど珍しいものではない。例えば、日本の国立小学校では、入学にはくじ引きが用いられるのが一般的だ。これは、義務教育においてなるべく公平・中立な形で、偏りなく学童を集めなければならないために実施されている。仮に、受験で優秀な子どもだけ集めるとなると、標準的な教育方法を生み出すことができないからだ。

これに対して、個人の能力を発揮させ、試験で選んだ方が平等だとする考えもあるだろう。しかし、小学校に入る前の段階で、十分に教育を与えられる家庭が限定されると考えれば(この場合、専業主婦のいる家庭の方が共働き家庭よりも有利になることは想像に難くない)、くじ引きという「運」に任せた方がよほど平等ということになる。

裁判員制度もくじ引きから成り立っている。一般市民が裁判員を務める陪審制は、ハリウッドの法廷映画やドラマなどを通じて、よく知られているだろう。日本の場合、裁判員が裁判官と合議して無罪・有罪を決める参審制が採られているが、裁判員は、選挙人名簿に基づく一般市民の無作為抽出でもって選ばれる。一般的に裁判官3名と裁判員6名によって構成される参審制は、裁判に国民が直接に参加することで司法への理解と信頼の向上を目指し、

２００９年に導入された。当初は、死刑判決が増える、強制的参加は好ましくない、司法の信頼向上には資さないなど多くの反対意見がメディアや識者から出された。しかし、日弁連の調査によれば性犯罪や殺人については量刑が重くなるなどの傾向がみられたものの、殺人未遂などについては軽い刑が下されるようになり、より幅広い意見が反映されているのが実情のようだ。求刑数を考慮に入れても、死刑判決が増加したわけでもない。内閣府の意識調査では「参加したい」が26％、「参加したくない」が70％と裁判員になることの拒否感は依然として強いが、補充裁判員を含めると、過去10年間で延べ９万人がすでに裁判員として参加している。そして、最高裁判所の調査報告書によると、裁判員経験者の９割近くが「非常に良い経験」ないし「良い経験」だったと回答している。

ちなみに、最近では安倍首相（当時）の「桜をみる会」の前夜祭での不明な支出処理を検察が不起訴とした処分を不当とした検察審査会の審査員も、国民からくじ引きで選ばれている。これも、司法領域ではくじ引きが一般的であることの証左である。

もっと一般的なくじ引きは、世論調査だ。読者の中にも自宅や携帯電話に世論調査の電話がかかってきた経験を持っている人もいるかもしれない。日本では毎年、大小１５００本余り、大手新聞・テレビ局によるものだけでも１５０本余りの世論調査が実施されている。調査は原則的に有権者の十分な標本数である数千人を単位として無作為抽出を行い、その上で性別・年齢・職業・世帯構成・住宅の種類などを通じて統計学的に国民全体の人口構成に近づけた上で、数字が発表される。こうしてマスコミや調査会社が尋ねて得られた回答がいわゆる「民意」や「世論」として公表される。いうなれば民主主義での民意も、くじ引きの手法を使って形成されているのだ。

ちなみに、選挙や国会の場でもくじ引きを用いることが想定されている。公職選挙法第95条には当選者が同票数を得た場合、当選はくじで決めることが定められているし、衆参両院の議長なども、投票数が同じだった時は、くじで決めるとしている。そして、実は首相指名も議場で同票数が集まった場合、くじで決めると議院規則で定められている（ただ、その後に再度の指名決議がなされる）。選挙の結果、与野党の議席数が拮抗《きつこう》した場合、そんな事態も将来現実のものとなるかもしれない。つまりは、一国の指導者がくじ引きという偶然で決められることも、あり得ないことではないのだ。

くじ引き民主主義の応用の仕方にはグラデーションがある。これまでみてきたように、くじ引きで公的な決定をする代表者たちを選び、彼ら・彼女らの話し合い（熟議）を重視するもの、代表をくじ引きで選ぶもの、そもそもの決定をくじ引きで行ってしまうものなどだ。

いずれであっても、くじという「偶然」に事を委ねる方法は昔からみられた。それは、くじ引きという方法が固定化された権力関係をシャッフルし、それまでの因果を取り除き、万人にチャンスをもたらすことができるものだからだ。まずは、その長い歴史をみていこう。

くじ引きの歴史①——古代アテネ

はるか古《いにしえ》から、くじ引きは何かを決定するために、もっとも平等で公正な方法だと考えられてきた。

公的な事柄を決定するために、大々的にくじ引きを広く用いていた例としてもっともよく知られているのは古代アテネだろう。この時代の哲学者、アリストテレスも自著『政治学』で「執政官がくじ引きで選ばれるのが民主的で、選挙で選ばれるのは寡頭制的であるとみなされる」としている。くじ引きという方法を公式に取り入れたのは、血縁支配の排除を目論んだ古代アテネの民主主義の父たるクレイステネスだとされるが、その後ペリクレス将軍の時代になって、さらに広く用いられるようになったという。

「はじめに」でみたように、古代アテネの議会に当たるのは市民権を持つ全員が参加できる「民会（エクレシア）」だった。軍の司令官、財務官、書記官、神官、建造監督官などは選挙されたが、他方で行政部門に当たる「500人評議会」は毎年希望する市民の中から、くじで選ばれた。さらに、この評議会から選出される各事業を担当する当番評議員も、毎日くじ引きで選ぶという徹底ぶりだった。こうした政治的活動全体を支えるのは役人たちだが、彼らもくじ引きで選ばれた。彼らの任期は原則1年、それも再任は認められず、中でも重要な役職に就く執政官（アルコン）も各部族内でのくじ引きによった（なお、ここでいう部族とは、血縁集団ではなく、地区ごとの住民を指している）。

さらにヘイリアイアと呼ばれた民衆裁判所の裁判官もくじ引きで選任されていた。毎年6000人がくじ引きされ、裁判の種類に応じて彼らの中から数百人がさらにくじ引きされるという二重の仕組みをとった。哲学者ソクラテス（彼もまたくじ引きで評議会の一員となったことがあった）を不神罪の刑で処したのも、彼らである。こうした政治・行政・司法での徹底したくじ引きの利用で、アテネの成人男性の約7割が、人生で一回は何らかの公職に就いたとされる。

なぜアテネはここまでくじ引きを多用したのか。それは民主的な政体の実現、すなわち特定の人物や集団の権力が集中することを防ごうとしたからだ。不可避的に特定技能や知識が求められる一部の専門職を除けば、選挙で勝利できる人間は財産や権威を持つ者に限定されてしまう。さらに役人や執政官という職が長期にわたって同じ人間によって占められれば、買収の対象になったり、腐敗の温床になったりしてしまう。それゆえに、なるべく公平に公職を配分し、しかも任期付きにすることで、権力の固定化を防ごうというのがクレイステネスの狙いだった。同様の狙いから、誰でも告発することのできる弾劾《だんがい》裁判、よく知られた陶《とう》片追放《へんついほう》という仕組みも整えられた。イギリスの歴史家・政治家アクトン卿が友人に向けた手紙に書いた「権力は腐敗する。絶対的な権力は絶対的に腐敗する」という格言は有名だが、その事実を古代ギリシャ人は経験から知っていたのだろう。

歴史的には、古代アテネはその民主主義ゆえにクレオンのようなデマゴーグを生み、衆愚政治へと陥り、混乱の末、衰退していったとされている。しかしその後の研究では、スパルタとの全面戦争やその後の伝染病の蔓延、さらに大国マケドニアとの戦争でもって内乱に陥り、実質的な民主政治を継続できなかったため、こうしたデマゴーグが誕生することになったともされている。徹底した権力の分散があったからこそ、デマゴーグたちが公的な地位に就くことはできず、少なくとも専制君主は古代アテネにはついぞ現れなかった事実がこのことを物語っている。

くじ引きの歴史②――イタリアの共和国

古代アテネとはまた異なる形で、公職を決めるためにくじ引きが用いられていたのが13世紀から14世紀にかけてのイタリアの都市国家、中でも栄華《えいが》を誇ったフィレンツェとベネツィア、あるいはボローニャやピサなどの共和国においてだった。

ルネッサンス時代以前の13世紀頃のフィレンツェは、貴族、大ブルジョワ、小ブルジョワ、庶民の各階層からなっており、シニョーリアと呼ばれる複数人からなる執政府によって統治されていた。そのもとには議会も存在していたが、実際の政策は大ブルジョワらが作る7つのギルド（組合）が決定していた。フィレンツェの歴史と切っても切れないメディチ家の支配が確立するのは、もっと後の15世紀のことだ。

政治行政の役職がくじ引きでなされるようになったのは、１３２８年のことだった。その理由は、各階層の対立とギルドの群雄割拠《ぐんゆうかっきょ》、さらに教皇派と皇帝派の対立が繰り返されて、都市国家内の対立が激しくなり、これを緩和する必要に迫られたからだ。古代アテネが権力の分散を狙ってくじ引きを導入したのだとすれば、フィレンツェではむしろ権力の分有を実現するためにくじが導入されたのである。

それゆえ、その方法もかなり異なっていた。フィレンツェではまず各組合がシニョーリアとそれを補佐する公職に推薦する者のリストを作成し、これを専門委員会が精査し、その中で認められた者のリストがさらに作られた。それらの者から誰を選ぶかという段階で、初めてくじ引きが行われた。いわば、選挙とくじを混合した形でエリートを選出しようとしたわけだ。当時の住民は約９万人、うち市民権を持つ者が約８０００人おり、この中の８００人ほどがくじ引きによるシニョーリアの候補者になったとされる。こうした形で公職者の裾野が広がっていたことが、それまで貴族とギルドが支配していた官僚機構に、庶民上位層が参加するきっかけになったともされる。事実、13世紀には豪族のうちの１割がシニョーリア職の半分を占めていたのが、14世紀になってからその割合は低下していったとされる。

　もうひとつの強力な都市国家で長い歴史を誇ったベネツィア共和国も、公職者を選ぶ際にくじ引きを用いた。ここで国家元首に相当するのはドージェと呼ばれる君主だったが、世《せ》襲《しゅう》制であったために共和国が不安定になることが危惧され、より広範囲からドージェを選出する必要に迫られ、このため１２６８年にくじ引きを用いることが決まった。くじ引きと多数派による選挙を組み合わせたこの仕組みは極めて複雑なもので、まず議会に当たる大評議会の議員（５００人）からくじ引きで30人を選び、その30人をくじでさらに９人に絞った。次に、この９人が40人を投票で選び、この40人を今度はくじを用いて12人にまで減らす。そして、この12人が25人を投票で選び、次にその25人をくじで9人にまで減らし、この9人が45人を投票で、この45人をくじで11人に絞り、これら11人の議員が最終的にドージェを決める41人を選ぶという、くじ引きと投票を10回にわたって用いるというものだった。ちなみに、くじを引くのはもっとも若い評議員が街で最初に出会った8歳から10歳の間の男の子の役目で、彼は自分の前を行進する評議員に壺に入った木玉《もくだま》を手渡すことで、選出をしたというのが面白い。要は、決定の一部を偶然に委ねようとしたのである。

　こうした方法が考案されたのは、世襲を求める一部の貴族と、これに反対する貴族との間の争いをくじ引きによって調停しなければならなかったからだ。そのため、くじで選ばれる議員2名が、同じ一族に属するものである時は、1名は辞退しなければならないというルールも設けられた。その一方、国の命運を預ける指導者は、誰でもいいというわけでもない。その人物が優秀だと衆目《しゅうもく》が一致しなければならないのであれば、投票を組み合わせなければならない。こうして、権力分有のためのくじ引きと、優秀な人物を選出する投票という、それぞれの長所を組み合わせようとしたのがベネツィア共和国の知恵だった。

　公職者を選出とくじ引きを併用して選ぶ試みは、15世紀のアラゴン連合王国（スペイン東部とイタリア南部の王国連合体）の各都市でも見られた。「くじ引き（ソーティション）」の語源となる「インサキュラチオン（袋に入れる）」と呼ばれたこの方法は、各選挙区の選挙人として立候補する者の名前を書いた紙を蝋《ろう》の玉で包み、これを水槽に浮かべた後、７歳の男の子がその中からひとつ選ぶというものだった。こうして選ばれた選挙人には、その地区の代表者を誰にするかを決める権利が与えられた。

以上のような近代以前のくじ引き民主主義には、いくつか共通項がある。ひとつは、人為的決定の中に、神の意志としての偶然の要素を組み込むことである。こうした偶然は予測の可能性を低めることになるが、他方では固定的な権力を回避することになる。人智を超えた偶然の持つ力を人間社会の安定のために利用する仕組みだったのである。共同体の中で特定集団が長期的に支配を確立することは、その恩恵に与《あずか》れない少数派の反乱を招きかねない。それを避けるには、なるべく均等に権力を配分しなければならない。そのための選挙をしても、すでに権力や権威を持っている集団が有利になってしまう。だから、これを回避するためには、幾何《いくばく》かの自然が持つ力、すなわちくじ引きを用いよう、という考えである。さらに、公職に就くチャンスを各人に等しく分け与えることができれば、忠誠心が涵養され、自治はより強化され、政体の安定という、共同体の目標も達せられることになる。

代表制民主主義への置き換え

こうした古代アテネやイタリア都市国家の経験を知っていたフランスの哲学者モンテスキューは、主著『法の精神』（１７４８年）で、「くじ引きによる選出は民主主義の本質であり、選挙による選出は貴族政の本質である」と書いた。いうなれば、近代という時代が始まる以前の政治は、くじ引きから成り立っていたのである。実際、イギリスの都市やスイスなどでも、この時代にはくじ引きによる民主主義が実践されていた。

それではなぜ、民主主義のＯＳは現代に至るまで選挙による代表制民主主義を主軸にするもの、モンテスキューの言葉を借りれば、貴族政へと再び移り変わっていったのだろうか。その鍵は、18世紀からの民主化の歴史に求められる。

第1章で紹介した哲学者マナンは、近代を規定した3つの大きな革命、すなわち、イギリスの名誉革命、フランス革命、アメリカの独立革命という民主化が代表制民主主義の確立を決定的なものにした、としている。これらの革命はそれまで王や貴族が仕切っていた政治空間を切り開き、ブルジョワや平民の政治参加を可能にするものだったが、これらはまた当時のエリートによって主導されたものだったからだ。

イギリスでは１６８９年に王に対する臣民の権利を確認する「権利章典」が発布され、その後発展していく議会政治の基盤が築かれることになったが、これがむしろ党派間の対立（カトリックかイングランド国教徒か、地主か貴族か）を激化させることになった。ここから、有権者に対する買収が横行し（当時、投票所への移動は候補者の責任とされた）、その負担に耐え切れなくなったホイッグ（カトリックのジェームズ王即位に反対）とトーリー（即位に賛成）は、被選挙権と選挙権を制限することで合意するようになる。つまり、自分たちの負担を軽くし、競争を緩和するために「財産と教養」のある有権者だけが政治に参加できるようにした、というわけだ。そして、イギリスが有権者資格を漸進的に拡大するのは19世紀前半の３度にわたる選挙法改正を待たなければならなかった。

　フランスではどうだっただろうか。１７８９年のフランス革命直後には、全ての成人男性（21歳）に選挙権が与えられることが検討されたものの、テルミドール派（反ロベスピエール派）の反対から、家屋を持ち、税金を納める男性だけに認めることになった。普通選挙派と制限選挙派の間で得られた合意は結局、一般市民が「第一議会」を選挙するものの、他方の「第二議会」の選挙は一定の税金を納める市民（当時の有権者の1％に相当）にしか認めないというものだった。もっとも、こうした方針は、革命の争乱と続くナポレオン戦争でうやむやになり、復古王政を経た後、普通選挙による代表制民主主義が確立するのは１８４８年の第二共和政のことになる。ただ、まだ1871年（第三共和政）の段階でも、議会（下院）の構成は貴族が34％、大ブルジョワが36％、小ブルジョワが19％と、ほとんどがそれまでの社会の権力者が陣取る場所のままに留まった。

そもそも倒すべき王政を持たなかったアメリカでは、いささか状況が違っていた。アメリカ憲法制定過程（フィラデルフィア会議）では、有権者となるには国籍と年齢（25歳）に基づく制約しか設けないと最終的に合意されたが、最後までもめたのは議員の数だった。案では議員数は「選挙人3万人当たり1人」とすることが提案されたが、案に反対する反フェデラリスト派（反連邦派）たちは、この議員数ではアメリカ社会を反映するのに十分ではないと反論した。他方で、アメリカ建国の父の1人として数えられるマディソンらフェデラリスト派は、選ばれる議員は優れた徳と資質を持っていなければならないと主張し、新たな政体は共和主義的性格、すなわち選挙に基づく貴族政的な仕組みが維持されることになった。つまり、貴族政を持たないアメリカにおいては、その制度の代わりとなるのは、卓越した市民でなければならなかったのである。事実、民衆が大挙して政治に参加することを警戒して、ハミルトンとマディソンは「人民とその集合的能力を排除する」（『フェデラリスト・ペーパーズ』第63篇）ことの必要性を説いていたのである。

　こうした英仏米の歴史的な発展に共通しているのは、旧体制からの離脱を経て、民主的な決定を、どのような仕組みによって保証すべきかという難題に直面したことにあった。近代以前の民主主義は、すでに権力者が誰であるかが明瞭《めいりょう》であり、その権力をいかに抑制し、均等に分配するかという観点からくじ引きが用いられていた。しかし、こうした歴史的な権力構造からの解放を果たした近代の革命は、新たな権力を再構築する所から始めなければならなかった。そうした権力を持つのは、一般民衆ではなく、革命を主導した改革派貴族やブルジョワジー、アメリカでは知的なエリートたちだった。言い換えれば、彼らは、人為的な王政や貴族政を作り上げなければならなかったのである。かくして、マナンの整理を借りれば、**①統治者は定期的な選挙を通じて選ばれる、②選挙と選挙の間は、統治者には一定の自律性が保証される、③統治者は民衆の意見に従うのではなく、自らの意見を自由に表明できる、④ただし公的な決定は公的な討議にさらされる、**という近代の代表制民主主義の原則が確立されることになった。

　また、マナンは必ずしも重視していないが、近代の国民国家が発展していくにつれて、領土が広大になり、かつてのように全員が公職に就けるような地理的条件が失われ、さらに市民の多くが生産活動に従事することになり、政治活動に携わるための時間的余裕もなくなったという歴史的経緯も、近代で代表制民主主義が民主主義の基本ＯＳとなった理由のひとつだ。そもそも公正な形で市民を代表しようとくじ引きを導入しようとしても、統計学のような科学が発展する以前の段階では、多くの人口を前にして、社会の鏡としての議会を構成するのは技術的に困難だっただろう。

このようにして、19世紀以降の民主化は、労働者層を中心とした参政権の要求、20世紀は女性参政権を求める運動、つまり議会の窓をこじ開けることを目標にしたものになっていった。そして、外国人や未成年を除けば、普通選挙権がほぼ全面的に認められるようになった現代にあっては、代表制民主主義そのものが、新たな貴族政として立ちはだかることになっているのである。

司法におけるくじ引きの残滓《ざんし》

もっとも、代表制民主主義の原則確立以降も、くじ引きが残り続けた領域があった。それが裁判でのくじ引きである。陪審制が広く制度として現代でも確立していることは先にも指摘したが、これは近代以前から存在していた制度だ。イギリスでは、サクソン族がブリテン島に移住してきた時に用いられるようになったとされるが、広く法制化されたのはジョージ二世の統治下の１７３０年以降のこととされる。また、アメリカでは１７３１年からサウスカロライナ州を皮切りに各州で導入が進み、１７８９年に憲法条文に反映されることになった。ちなみにフランスでは、イギリスの制度を参考に革命期以降に陪審制が取り入れられたものの、その後官選知事による名簿リストへの限定や、起訴時での適応除外などの変更を被り、陪審員が有権者登録名簿から抽出されるようになるのは１９８０年になってのことだった。日本では、こうした先進国の制度にならって２００９年から裁判員制度が導入されるようになったことは、先に見た通りだ。

運用の違いはあるものの、政治的代表と異なって、一般市民が裁判に参加するという制度は、現代に至るまで広く定着することになった。近代世界が政治の領域においては貴族的性格を復活させる一方で、司法ではくじ引きが残存したことがわかる。こうしたねじれた結果になったのには、いくつかの理由が考えられる。

ひとつは、政治的代表と異なり、裁判の場では必ずしも優秀さや卓越さが求められないということだ。特に民事裁判の場合、判決のために必要なのは、日本的にいえば「庶民感覚」であって、専門的な知識を要する量刑などは、裁判官が決めればよいということになる。しかも、真実が何であるか、意見の分かれる政治と違って裁判での事実は揺るがない証拠であり、それは万人が判断できるものであることが前提とされる。

次に、近代の啓蒙主義は、人間が合理的に思考できることを前提にしていたことだ。つまり、人はその属性に関係なく、他人を公正に裁きうることが期待された。これは、逆にいえば、その人は政治がどのようにあるべきか、ということを判断することも可能であるという前提を導き出すが、それはまた、選挙で優秀な人物を選び出すこともできるはずだ、という代表制民主主義を支える論理と表裏一体のものとなる。

最後に、陪審員はいずれの国でも必ず複数の市民が抽出される仕組みになっていることにヒントがある。今では「集合知」などと呼ばれるが、複数人が集まって、多数決で物事を決定すれば間違いの少ない結論に至るということが期待されていた。これは、互いの正義がぶつかり合う党派的対立に彩られていた政治の次元とは全く異なる回路で、真実はひとつであることを前提とする裁判の場であるからこそ可能だと考えられていたためだ。

偶然を可能にする

「くじは諍《いさか》いを鎮《しず》め、手ごわいもの同士をも引き分ける」とは旧約聖書（箴言《しんげん》18・18）にある言葉だ。これまで公的な場でのくじ引きの歴史をみてきたが、以下では、そもそもくじ引きは何のために、どのように利用されるものなのか、その哲学をみていこう。くじ引きの核心にある哲学とは、「偶然」である。

哲学者ヤン・エルスターは、離婚などで子どもの親権が両親で争われる場合、両者の関係が悪化して子どもが苦しむことになるから、コイントスで決めるべきだ、という主張をしたことがあるという。そして、子どもの人生を運に任せてよいのかという反論が多く寄せられたものの、くじ引き抽選の結果、里親に選ばれなかったということで救われた、という人の意見を聞いて、自分の意見の正しさを確信したと述べている。なぜなら、能力で人が選択されるということは、一見公平にみえるものの、選ばれなかった人は、自身が劣っているとの烙印《らくいん》が押され、自尊心が大きく傷つけられるからだ。つまり、偶然に身を任せた方が、人は救われることもあるのだ。

また最近では、新型コロナウイルスのワクチン接種が、遅延や接種方法などをめぐって各地で混乱を引き起こしたが、福島の相馬《そうま》市は、対象となる高齢者の接種順をくじ引きで抽出する方法を選んだ。このくじ引きでワクチン接種の順番を決めるというのは、世界規模のパンデミックを描くソダーバーグ監督『コンテイジョン』でも描かれているが、誰が優先的に接種されるべきかを予め決めることは難しい。社会でもっとも脆弱《ぜいじゃく》な人と彼らをケアする人々が優先されなければならないというのは社会的に合意できるだろう。しかし日本や海外で決定されたように、高齢者を優先するとしても、高齢者の健康状態やワクチンへの関心は千差万別だろう。ある程度の線引きは仕方ないとしても、くじ引きの方がよほど平等だという考え方もあり得る。

あみだであろうが、千本引きであろうが、ビンゴであろうが、くじ引きは種類に係わらず、公理（確率計算）や競争によらずに、物事を決定する。そして、この世界には「偶然」であることにプラスの側面もあるのだ。

「入れ札＝選挙」の限界

思想家の柄谷《からたに》行人《こうじん》は、作家菊池《きくち》寛《かん》の人生と彼の『入れ札』という小説から話を起こして、くじ引き民主主義が意味するところを考察している（『日本精神分析』）。彼は、普通選挙によって無記名投票（＝入れ札）が当たり前になった時点で、代表制民主主義は機能しなくなる、という。なぜなら、無記名だと、誰が誰に投票したのかがわからなくなり、代表する者（＝政治家）と代表される者（＝有権者）との関係が曖昧になるため、政治家は選挙区の代表ではなく、国民全体の代表だとされることになるからだ。しかし、これでは、誰が自分を代表しているのかが不明瞭になる。ここから、秘密投票と無記名投票こそが代表制民主主義を機能させなくなる、という逆説が浮かび上がる。19世紀半ばのフランスやワイマール時代のドイツのように、普通選挙が当たり前になった時代に、自分たちこそが国民を代表する、という反議会主義的な勢力が力を持つ道理である。

彼がこれに代わって推挙するのが、古代アテネで行われていたように、くじで行政職や司法職を宛がう、くじ引き民主主義である。秘密投票のもとでは、誰が誰に投票するかわからないために、有権者が候補者をゆすったり、逆に候補者が有権者を買収したりするようなことも起こり得る。しかし、くじ引きであれば、偶然によってその人が選ばれるわけだから、そうしたことは起こり得ないということになる。あるいは、三権分立のように、複雑な制度上の仕組みを用意しなくとも、権力が同じ所に留まることはないから、権力に対するチェック・アンド・バランスは、恒常的に機能することになるのだ。

もちろん、柄谷は古代アテネに回帰すべきだと唱えているわけではない。そこでは市民権を持たない奴隷《どれい》や女性がいたからこそ、成人男性が公的な活動に勤《いそ》しむことができたからだし、職業には向き不向きがあることも事実だからだ。そこで彼が提案するのは、既存の選挙とくじ引きを併用する案だ。具体的には選挙によって予め優秀な集団を選出した後に、その集団のトップをくじ引きで選ぶという手法だ。こうすれば、職務をやりたい人や職務に関心がある人がプールされ、その後の序列は偶然に任され、結果として無益な権力闘争や間違った自尊心を呼び起こすこともなくなる、というわけだ。

こうした柄谷の考察で興味深いのは、組織や企業のトップ、すなわちエリートこそがくじ引きで選ばれるべき、としていることだ。例えば、入学試験でくじを導入しても意味がない、と彼はいう。なぜなら、偏差値競争をすることに生き甲斐を見出す学生は必ず残るだろうから、というのがその理由だ。エリートになりたいという、本人の意思と自由をある程度尊重しながら、エリートの慢心や権力の独占を防ぐためには、組織のトップを選ぶプロセスにおいてこそ、くじ引きが実践されないとならないとする。

こうした提案は、先にみたように、フィレンツェやベネツィアといったイタリアの都市国家が生み出した解決法でもある。一定程度能力のある人間を選抜しつつ、その集団に権力が固定化しないようにして、その結果として対立を緩和するという考えだ。

関連して、組織での昇進も、くじ引きを使って決めた方がよい、という研究もある。イタリア・カターニア大学のチームによるこの研究は、①優秀な社員を昇進させれば組織が発展する、②優秀な社員でも昇進した後の職種が同じものではないためにむしろ能力が発揮できなくなる、という経営学の2つの仮説がともに正しいとした場合、誰を昇進させるかは偶然に任せた方が組織にとってプラスになるとするものだ。その人が本当に優秀かどうかは事前に確実に知ることはできないし、また出世させても同じだけのパフォーマンスを発揮できるかどうかもわからない。そうした場合は、偶然で選んだ方が外れがなくなるという理論だ。この研究は、厳格な審査のもとユニークな研究に与えられるイグ・ノーベル賞の経営学賞を受賞しており、特定の条件下ではくじ引きという偶然も組織的な効率性に貢献し得るということを示している。

話し合いに勝るくじ引き

さて、柄谷行人のくじ引きについての議論を参照しながら、やはりくじ引きを重視するのは社会学者の大澤《おおさわ》真幸《まさち》だ。彼は、普遍的価値が消失したことで分断と対立が支配する現代において、公共性を再建する手段として、くじ引き民主主義の可能性を探っている。

一般的に民主的に物事を決定するためには、話し合いと投票という手段が想定される。しかし話し合いは、それがいかに理性的なものであっても（あるいは理性的であればあるほど）、合意を導き出すことが期待されているため、そもそも合意の前提に反対している人たちに決定の場に参加してもらうことは難しい。例えば、ランチに何を食べるかを話し合いで決めるとして、ダイエットのためにランチなしで済ませたいと考えている人たちには関係がないことになる。では、ランチをとるかどうかを話し合いで決めるとしても、いずれの結果でもお腹の空いてしまう人、太ってしまう人が出てきてしまう。だから討論による決定は万能ではない、ということになる。

では、投票による決定という手段はどうだろうか。投票で決めるということは、簡単にいえば多数決で決定するということだから、全会一致でない限り（しかし全会一致が見込めるなら、そもそも投票の必要もない）、少数派が必ず生まれてしまうことになる。そして少数派が多数派の決定を受け入れる用意がないのであれば、逆に社会では分断が生まれてしまうことになる。

大澤が話し合いと投票に対置するのが、くじ引きだ。現代社会では、なぜ対立と分断が絶えないのか。それは、各人が共有することのできる共通の権威（大澤の用語でいう「第三者の審級」）が存在しないため、個々人が抱えこまざるを得ない偶然性や偶発性に耐えることができなくなっているからだ。簡単に言うと、「なぜ自分だけが」「どうして私が」という事態に理不尽さしか感じられないようになっているのだ。もっとも、公共性とは、「私は他人でもあり得る」という、立場互換性がなければ存在し得ない。いじめをなくすためには、いじめる側がいじめられる側になるかもしれない、という想像力を持たなければならない。だから、くじ引きという偶然性を意思決定のための手段として採用することで、人は自らの不安の根源となっている偶発性を自発的に引き受け、その不安を自らの手で克服することができるはず、というのが大澤の発案につながっている。たまたま、という感覚を取り戻すことで、人は想像力を持つことができるということだろう。

　彼は実際にはくじ引きだけで問題は解決されず、対立する当事者とその媒介人、さらに第三者の調停という形式を要するとしているが、その媒介人や調停委員会もくじ引きで決めてもよい、としている。これも、自らの立場を主張する側が、自分だけの意見に固執せず、他者に開かれた形で、自らの意見や主張を展開するために必要な措置だからだ。そこでは、特定の相手が納得するような論理ではなく、くじで偶然に選ばれたような相手にも通用する論理が求められることになり、こうした形で万人に共通する普遍性が生み出されていくことになると主張する。

神なき時代の民主主義

異なる次元の話をしつつも、柄谷と大澤の議論に共通するのは、必然でもって成り立つことが自明視されている世界に、くじ引きという偶然の手段を持ち込むことで、風通しのよい、開かれた世界を呼びかけていることにある。

くじ引き民主主義のみならず、くじ引きでもって選び、選ばれること自体に抵抗感があるとしたら、それが自分や他人の実力や能力を測る物差しにならないからだろう。選挙で当選する、受験で合格する、何らかの役職に就いたといった結果は、単なる偶然ではなくて、自分の能力が認められたから、これまで頑張ってきた努力が報われた結果だ、と人は思いたいはずだ。努力があるから報酬が与えられ、報酬があるから努力する、という循環に馴染まないくじ引きは、そうした意味で心理的な抵抗を覚えるかもしれない。個人の能力に比して、モノや地位が与えられるべきだという考え方は、新自由主義や自己責任と呼ばれる思考とも相性がよいのだろう。

しかし、人生や世の中は偶然と無縁ではいられない。努力が報われたとして、それはその人の能力だけに帰せられるものではなく、その人が選択することのできない環境と条件（時代、国、地域、家庭、遺伝子、人間関係など）に大きく左右される。最近でいえば「〇〇ガチャ」という言葉に象徴されるように、だ。また、人の能力がその資質だけでなく、受け継いだ様々な資本に大きく左右されるというのは、心理学や社会学では常識になっている。アメリカの研究では、貧困地域から裕福な地域に引越しをするだけで、子どもの生涯年収が１割ほど変化するとの試算もある。しかし居住地を変えるような自由は、皆が行使できるわけではない。

「機会の平等」さえもが不均等に配分されている現代にあって、人智でもってこの平等を取り戻そうというのがくじ引きの役割である。

日本でも話題になった、哲学者サンデルの『実力も運のうち——能力主義は正義か?』(原題『能力主義という専制』)は、そもそも能力に基づいて人と人は公正に競争できるということ自体が幻想であり、間違っていると指摘するものだ。なぜなら、能力があっても、それを活かすことができるかどうかは個人以外の条件によっているし、競争である限り、勝者と敗者が必ず生まれることで、社会に分断をもたらしてしまう。だから、能力に基づいて競争するという発想そのものが欺瞞である、というのがサンデルの考察だ。こうした現状診断は、例えば大学入学の一定枠はくじ引きで決めるべきだ、という彼の処方箋へとつながっていく。

古代であれば、幸福であれ、不幸であれ、人にそれをもたらすのは神の差配だと信じられていた。ゆえに古代ギリシャや中世の時代は、神託や啓示をもっとも聖なるものとみなしていたのだ。イスラム教圏では、今でも多くの出来事は神（ムハンマド）の意思だ、という認識が広く共有されている。自分では思うようにならない出来事があるからこそ、つまり神の存在を仮定するからこそ、人は祈り、そして謙虚になる。先に紹介したエルスターの議論もそうだが、人は自分の選択でないからこそ救われるという局面を経験することもある。逆に、成功や失敗の全てが自分の選択の結果だとされてしまうと、人は尊大になったり、卑屈になったりして、不自由になる。いわば、自分に振り回されてしまうのだ。ゆえに、偶然は人の思考や行動をむしろ解放する側面があるのだ。哲人王の必要性を悟ったプラトンも、長編『法律』（第6巻）で、全ての市民に名誉を授けるような平等は、くじ引きとゼウスだけに可能だ、と説いていた。だから、くじは神なき時代に神の役割を果たすものともいえるだろう。

もちろん、神なき時代を迎えた現代で、神の意志だけに従うことはできない。人が合理的に世界を認識するための近代科学の発展が、神の意志をよりよく把握しようとするキリスト教精神と無縁ではないにせよ、科学を手にした現代で、世の全てを偶然に任せることは、害悪の方が多いだろう。

それでも、政治を考えた時、統治を神の意思によらず（王権神授説の否定）、貴族制も否定した近代において、その正当な根拠は、民主主義であるということ以外に答えはない。民主主義にくじ引きを持ち込んで偶然の要素を幾何《いくばく》か持ち込むことは、悪いことばかりではない。民主主義が紆余曲折を経ながらも今日まで続いてきたのは、絶対主義や独裁主義と異なって、何が「正解」かを、常に保留にしておく政治だからだ。絶対主義であれば、神の意思を地上で実現すること、独裁主義であればリーダー個人が共同体にとって善きことが何かを予め決め、それに従うことが「正解」となる。

しかし、民主主義という政治は、そういった「正解」がそもそも存在しないことを前提にしている。なぜなら、その時々の状況に応じて、今日の多数派は明日の少数派となるかもしれないし、昨日の少数派は明日の多数派になるかもしれない。問題や時代に応じて、多数派と少数派を入れ替え、権力の在り処を柔軟に置き換えて、その都度対処できるのが、民主主義という仕組みが持つ強さ、いま風にいえば「レジリエンス」を持った政治システムなのだ。そもそも民主主義とは、共同体の自己決定のことだとすれば、その共同体を構成する全員に決定権が与えられなければならない。自分以外のあらゆる人間も決定に携わる資格を持つのであれば、そこから偶然性を完全に排除することなどできない。

くじ引き民主主義は、こうした民主主義の特性をさらに強化するものだ。ひとつは、政治的決定に誰が携わるのかどうかということを偶然に任せることで、もうひとつは、それがどのような結果を導き出すのかが変わりうるものであるという意味において、さらに偶然を前にして万人が平等になるという意味において、である。

政治以外の領域でも、くじ引きによる偶然は、それまでの常識や前例を覆《くつがえ》すことで、様々な相乗効果や新たな付加価値を社会にもたらすことができるだろう。社会において、しがらみのない、自由な空間を創るためには、神に代わって偶然を人為的に作り出さなければならない。こうした絶え間ない革新と創造が行われることが政治だと言い換えてもよいだろう。

政策において短期的な「正解」は存在するかもしれない。しかし、いずれの政策を採るべきかを決定する民主政治に「正解」を求めてはいけない。そこには、多様な見解や意見が存在しており、それぞれをその都度取り入れなければ、民主主義としての条件を欠くどころか、民主主義として安定せず、そのポテンシャルを発揮できないからだ。だから、共同体の風通しをよくする偶然は、民主主義をより強いものにするだろう。

くじ引きは万能ではない

　これまでくじ引き民主主義の利点を説いてきたわけだが、もちろん、あらゆる政治の仕組みと同様、万能なものではない。本書では、とりわけ選挙による代表制民主主義との対比でもってその長所を見てきたが、代表制民主主義が民主主義として劣っているというわけではなく、それだけを政治のＯＳとすることには弊害があると指摘してきたつもりだ。繰り返しになるが、一口に民主主義といっても、それぞれに得手、不得手がある。それゆえに互いに互いの短所を補うことが必要なのであって、代表制民主主義の欠点を埋めることのできる手法のひとつが、くじ引き民主主義ということになる。

　こうした観点から、ロトクラシー（くじ引き民主主義）と選挙民主主義（代表制民主主義）とを比較して、政治学者の山口《やまぐち》晃人《あきと》はそれぞれの長短を原理的に議論している（あくまでも思考実験であり、人々が特定の条件で行動する場合、いずれの民主主義が単体でもっともよく機能するのか、という観点からのものだ）。くじ引き民主主義と代表制民主主義のそれぞれの特性を確認するために紹介してみよう。

　まず、「平等な意思反映」（人々の意思がどれほど政治的決定に反映され得るのか）については、両者の間にさほど違いはないと推定される。少なくとも普通選挙が当たり前になった時代では、投票の権利は有権者であれば誰にでも認められているからだ。くじ引き民主主義も、その過程に参加するのは、人民の縮図となる無作為抽出された人々であるから、政治には平等に意思が反映されることになる。

一方で、「能力の基準」では、代表制民主主義の方に分がある。それは選挙という競争の過程を経ることで、より能力の高い人物を代表として選ぶことができるのに対して、くじ引き民主主義は公平性を優先して、このプロセスを経ないからだ。

もっとも、現実の政治は必ずしもこうした単純なモデルには馴染まない。なぜなら、有権者は自分が何を欲しているのかわかっているとは限らず、そのため誰に、どの党に投票したらよいか、十分な政治的知識を持っていない可能性があるからだ。あるいは、人の意見に耳を傾けず、他人の利益よりも自分の利益を優先するかもしれない（現実もしばしばそうなっている）。

こうした状況下では、代表制民主主義とくじ引き民主主義の長短は変化することになる。「平等な意思反映」といっても、代表制民主主義は全員が投票するわけではなく、その結果、有力者や多数派の意見が反映されやすい仕組みになってしまう。また「能力の基準」でも、本当にその政治家が優れているのかどうかの基準で選ぶのではなく、容姿やイメージに惑わされる可能性もあれば、その政治家が民衆ではなく、自分の利益を優先するかもしれない。

現実の世界では、くじ引き民主主義も同じく短所を露呈することになる。「能力の基準」では、必須条件である話し合いに人々が積極的に参加せず、合意に到達しようとしなければ、劣化する。また、投票のような政治参加が必須ではないために、政治的知識を得ることができず、投票がなければ、政党も存在しないことになるため、政党の果たす利益集約機能も失われ、その結果として「平等な意思反映」までもが不可能になりかねない。

　以上のような考察から提案されるのは、代表制民主主義とくじ引き民主主義が相互に乗り合いを果たして、それぞれの短所を打ち消すべき、というものだ。具体的には、代表制民主主義のもとの選挙制議会は、無作為抽出された市民からなる助言機関によって補完され、反対にくじ引き民主主義のもとの抽選制議会は、選挙で選ばれる助言機関によって補完される。こうして「選挙民主主義とロトクラシーが協同する一種の混合システム」こそが民主主義にとって最善の仕組みだ、と結論づけられる。

　ここでの含意は、人々の意思をなるべく平等に、かつ効率的に実現することのできる民主主義は、代表制民主主義だけでも、くじ引き民主主義だけでも完成せず、両者の特徴を取り入れたものでなければならない、ということだ。

他方で、このことは、くじ引き民主主義が、なぜ今日、その実現に向けて追求されなければならないのか、ということを強調するものでもある。それは、私たちの現在の民主主義のOSは代表制民主主義にあるからであり、その欠点を修復するようなソフトを持ち合わせていないからだ。代表制民主主義とくじ引き民主主義の混合が大事だという理論的結論は、すなわち、一層のくじ引き民主主義が現実に求められるということをも意味している。

くじ引き民主主義の弱点

このように、代表制民主主義と比較して、くじ引き民主主義には利点があり、その利用と制度化が求められるのは確かだとしても、弱点がないわけではない。そもそも、くじ引き民主主義に付される議題とそこでの決定がどの程度反映されるべきかは、くじ引き民主主義の外部の機関（政府や議会）に任されることになる。こうした外部に支えられなければ、存在と機能を許されないのが、くじ引き民主主義が抱える最大の弱点といえるだろう。こうした弱点を回避しようとする議論が、諮問機関としての地位を持つ抽選制議会の設置だが、いずれにしても代表制民主主義を代替するものではないことの理由のひとつとなる。

以上に加えて、くじ引き民主主義に内在する3つの弱点を指摘してみよう。

　ひとつは、くじ引き民主主義の多くが「合意」もしくは「決定」を前提としている場合がある、ということだ。くじ引き民主主義に付されるのに相応しい課題は、前章で指摘したように、合理的な解決策が見出せないものだったり、広く一般市民の同意や意見が必要となるものだったりする。他方で、くじ引きによる熟議は、市民間のコンセンサスを最終的に導かなければならない。例えば、自治体のゴミをいかに減らすか、というアジェンダ（議題）があったとする。この場合、参加者の熟議を通じて、様々な選択肢が検討されることになる。あるグループはゴミ袋の価格の引き上げ、別のグループはコンポストの普及、もうひとつのグループは包装の簡略化などを提案するかもしれない。そして、最終日には、これらの選択肢のいずれかを優先すべきか、投票したり、それぞれ点数をつけて優先順位を付けたりするとしよう。

　しかし、これもまず「ゴミを減らす」という政策的目標が前提に据えられた上での決定である。もちろん、くじ引き民主主義に参加する人の中には、ゴミなんか減らさなくていい、と主張する者もいるかもしれないが、そうした意見は少数派になる可能性が多い。そもそも、くじ引き民主主義に付するアジェンダは、少なくとも広く皆に関わる問題として認識されていなければならないからだ。

言い換えれば、くじ引き民主主義は、特定の目的を達成する手法や手段を討議するもので、どのような目的を達成するのかを決定するのには向いておらず、その目的に反対するような意見を排除してしまう可能性がある。特定の争点や課題を提示するのは選挙も同じだが、争点作りには一般有権者やマスメディアの介在する余地があるし、時々の状況によって変化することもあるだろう。これに対して、くじ引き民主主義が扱えるのは、時間幅と論点について幅はあるものの、具体的な問いについてであり、合意と熟議をなるべく促すことを条件にしている。

民主主義とは、共同体の構成員の合意を見出すための仕組みである一方、様々な意見や異論、立場の表明を広く認めるものでもあり、またこれらを互いに戦わすことで、何が最適かを見出す仕組みでもある。そう考えると、くじ引き民主主義は、民主主義での合意を目指すという機能しか果たせないということになる。

選ばれる人と選ばれない人

次なる弱点は、その決定が拘束する範囲だ。くじ引き民主主義は、現代では無作為抽出とセットでなければならないが、これは選挙権を持っている人であれば誰でも参加可能な選挙と異なり、共同体の構成員の一部しか参加できないことを意味する。

このため、こうしたくじ引き民主主義の決定が、共同体全体を拘束することの正当性についての疑義を予め取り払っておく必要がある。つまり、くじ引き民主主義が、正当な民主的決定のひとつであることについてコンセンサスを得ておかなければならない。一部の政治学者は、くじ引き民主主義が設置されるレベルと回数を増やせば、住民・国民が参加できる確率は増えるので、この問題はある程度回避できるとしているが、それでも限界があるだろう。くじ引きの回数を増やして、住民や国民が参加する割合が高まるとしても、その都度扱う議題やテーマが異なるのであれば、いくら公平に選ばれたとはいえ、特定の人々だけで特定の課題についての指針が下されてしまうという指摘は免れない。

それゆえに、数々のくじ引き民主主義の実践は、特定の地域に限定されたり、諮問的な性格に留められたりと、既存の代表制民主主義を前提に行われてきている。仮に一国単位でのくじ引き民主主義を行うとして、全ての国民に平等なチャンスがあるとしても、数百人や数千人の人間が数百万人以上の人々を代表していると感じられることは難しいかもしれない。くじ引き民主主義での決定をどこまで公的な政策決定へと転換するのかはケース・バイ・ケースだが、そこでの決定をどの程度反映させるのかは、立法府や行政府に委ねられている。

そうであるならば、なぜそもそもくじ引き民主主義を行うのか、その根拠が今度は不透明になってしまうことになる。

民主主義と規模の問題は、古くて新しい問題だ。古代アテネの人口は最盛期で約30万人、そのうち市民として認められていたのは成人男性の約5万人に過ぎなかったからくじ引き民主主義が可能だったといえる。哲学者ルソーが、真の民主主義を実現するには自身が郊外に住んだスイス・ジュネーヴの人口2万人（成人男子はさらにその10分の1以下だった）を理想としたことは知られているが、現在のような国民国家を舞台に行われる政治では、全員が政治に関わることは難しい。一部の人々が特権的に職業政治家として政治に関わる代表制民主主義が発展してきた理由のひとつは、こうした規模の問題もある。そして、くじ引き民主主義といえども、この問題にぶつかってしまうのである。

結論はいつも正しいか、誰が責任を取るのか

最後の弱点は、決定の妥当性だ。前章では、「正解を作り出す」ことのできるのがくじ引き民主主義の特徴だと指摘したが、それでも、その正解が必ずしも正しいものであることが保証されているわけではない（もちろん、代表制民主主義も同じ問題を抱える）。

くじ引き民主主義の過程では、専門家や当事者の意見を参考にすることが義務付けられ、議論を行うに当たっては、進行役のファシリテーターが公平に当たることが前提とされている。しかし、だからといって参加者がいつも妥当な結論に達するとは限らない。高度に技術的な専門知識を要する問題、あるいは機密情報も含まれる国家の安全保障に関わる問題などについては、民主主義だけでもって妥当な答えを出せるとは限らないだろう。言い換えれば、くじ引き民主主義で問うことのできる課題と、そうでない課題は区別されなければならない。民主主義であるといっても、民意に委ねるべき課題と、委ねるべきではない課題を腑《ふ》分《わ》けする必要性もあるだろう。

例えば、日本とある国の関係が悪化しているとして、それをどのように打開したらよいのかということを討議してもらうとしよう。「人的・経済的交流を増やす」「相互理解を増進させる」「民間外交を進める」などの、極めて常識的な答えしか導き出せないだろう。しかし、そのような手段が必ずしも取り得ないからこそ、国家間関係が悪化しているのだ。あるいは、その相手が北朝鮮（朝鮮人民民主主義共和国）だとして、拉《ら》致《ち》問題をどのように解決したらよいのか、ということは、くじ引き民主主義でもってしても回答できないし、回答させるべきでもない。仮に、経済支援と引き換えに被害者についての調査と帰国を約束させるべきという選択がされたとしても、結局は相手国の同意がなければ実現し得ないし、反対に軍事力を行使して解決すべきだという選択が万が一なされたとしても、これに従うべきではないだろう。せいぜい問うことができるのは、もっと具体的で下位領域の問題、例えば教科書で従軍慰安婦問題についてどのように記述すべきなのか、北朝鮮の状況と経済規模に適切な日本の経済支援はどの程度であるべきなのか、というようなものになるだろう。もちろん、こうした問いとて、上述のように合意の前提性や決定の拘束性の範囲からすれば、かなり論争的なものとなる。

さらに無視できない欠点として、くじ引き民主主義で出された結論が仮に間違っていたとして、その責任の所在はどこにあることになるのか、という点だ。ある政策や方針が間違っていたと判断されて、定期的な選挙があれば、それに携わり、指示した政治家を落選させる、つまり票を入れなければそのエリートを罰することもできる。しかし、くじ引き民主主義では、そもそもそうした決定を行おうとする積極的な意思を最初は持っていない人々が偶然に選ばれて決定を下すのだから、彼らや彼女らに責任を負わせるのは酷だろう。それゆえ、くじ引き民主主義は最終的に公的な決定となる、法律や政策に転換する機関や制度を前提にせざるを得ないのだ。

こうした観点からも、くじ引き民主主義に付す議題として相応しいものを選別する必要が出てくる。専門性が高く、それまでの知識や経験の蓄積が活かされるテーマについては、政治家や行政官、政策の専門家に委ねる方が相応しいこともあるだろう。

くじ引き民主主義が目指すもの

この章では、くじ引き民主主義の歴史を古代アテネから紐解き、さらにその哲学的な意味合いを探ってきた。これまでの章の議論を含め、くじ引き民主主義の歴史と哲学を通じて確認できるその目的と役割は、以下の４つにまとめることができる。

①代表制民主主義の枠内では扱えない／扱うのに相応しくない課題を対象にできること。
②共同体に関する決定をくじ引きで選ばれた市民の熟議によって下すこと。
③市民１人１人が、資格や能力に関係なく、権力に与かるようにできること。
④対立や摩擦を、くじ引きという偶然の要素を取り入れることによって緩和すること。

これまでみてきたように、くじ引き民主主義には看過《かんか》できない弱点もある。しかし、それは代表制民主主義やその他の民主主義とて同じことだ。しかし、民主主義のＯＳが選挙による代表制民主主義となっている現代においては、その弱点を補完できる民主主義が求められているのである。くじ引き民主主義以外にも、最近になって喧伝されている液体民主主義やデジタル民主主義のようなＩＣＴを利用した民主主義によっても、代表制民主主義の補完や修正は施されるべきだろう。しかし、これらの多様な民主主義の選択肢の中に、くじ引き民主主義もまた、含まれて然るべきだ。

確認してきたように、くじ引き民主主義は、紀元前から繰り返し歴史の中で実際に用いられてきたし、現代社会でもその残滓は存在する。さらに、くじ引き民主主義の実践は、ますます広がってきている。そのこと自体が、くじ引き民主主義が民主主義に果たすことのできる役割を何よりも雄弁に物語っているのである。

それでは、くじ引き民主主義を実際にどのように実践したらよいのか――最終章では、具体的な設計方法とその意義をみていこう。

終章

「スローな民主主義にしてくれ」

くじ引き民主主義の設計

例えば、自治会や町内会で、企業や学校で、あるいは労働組合やＮＰＯでも、ひとつの共同体としてどのように意思決定を下すかのルールは予め決まっていることだろう。しかし、新たな課題が生じて、専門的な意見を要し、どのように対応すべきか、新たなルールを決めるべきかどうかを検討しなければならない事態も生じるだろう。そこで、共同体を構成する全員が参加するのが難しい場合は、くじ引き民主主義は有効な手段となる。

ただ、くじ引き民主主義が、くじ引き民主主義として機能するためには、入念な準備と制度設計が欠かせない。対象となる共同体は、国でも、地域でも、企業や組織でもよい。以下では、５つのステップにわたる、具体的な手順を確認しておこう。

①アジェンダの設定（目的）

まず、何のためにくじ引き民主主義を用いるのかを、明確にしておかなければならない。これまでみてきたように、その特徴は、平等な関係に置かれる人々が、時間をかけて、特定の課題をじっくりと検討することにある。それだけの労力を割いて扱うのに相応しい問題である必要がある。その共同体の構成員に共有されている課題であるかどうか、そして得られる利益と負担するコストが人によって異なる課題、すなわち民主的な討議でしか決定に正当性が得られないかどうかが大事な基準のひとつとなるだろう。

②くじ引き（抽出）

次は、ミニ・パブリックスを作るためのくじ引き、正確には無作為抽出のプロセスだ。ここでは、母集団の要素に抽出確率を当てはめ、その確率に沿って標本を選ぶという層化無作為抽出という方法がとられる。一般的には、住民などを無作為抽出し、そこから参加を希望する者の中から特定の属性に基づく抽出を行うことが多い。

無作為抽出の方法も様々存在するため、統計学の知識がなければ、母集団を代表する抽出はできない。基本的な約束は、参加する人々の要素（性別、年代、居住地、職業といったいわゆる「記述的規準」）が正しく母集団（共同体）の要素を反映していなければならないことにある。例えば、共同体Ａを対象とするなら、その共同体の構成員の属性を確率的に有意に代表する人々が選ばれないとならない。全国を対象とするマスコミの世論調査でいえば大体１０００人規模、内閣府のものは３０００人、多い場合で１万人となっている。標本の数が多ければ多いほど正確、すなわち平均的な意見が抽出できることになる。

難しいのは、この母集団の要素に何を含めるかという点だ。先にあげたもののほかにも、テーマに応じては学歴や年収なども、重要な要素となる可能性もある。あるいは、保育園を作るかどうかをくじ引き民主主義で決める場合、親であるかどうかでその意見は変わってくる可能性があるし、反対に当事者以外の人々を含める方が適切な場合もある。普遍的な問題であればあるほど、標本の属性も普遍的である方がよい。ただ、何を討議してもらい、決めてもらいたいのかによって、何を属性の基準に含めるのかは変わってくる。なお、第2章でみた討論型世論調査は、事前に広範な世論調査を行うことで母集団の意見をもとにしたくじ引きの集団を形成できることが強みとなっており、このように課題や論点によっては多様な意見が代表されるような基準（いわゆる「言説的規準」）を設ける必要もあるかもしれない。さらに、くじ引きされる人の中には、障がい者や外国人、育児中の人が含まれる可能性もある。その場合、こうした人々が円滑に参加できるような準備をしておかなければならない。

　また、抽出された人の中で、実際に参加を希望する人はそれよりも少なくなることが予想される。裁判員制度でも、正当な理由があれば辞退が認められているから、くじ引き民主主義でも、現状では参加を強制することは難しいだろう。厳密には、無作為抽出を行い、呼びかけに応募してきた人の中から、さらに母集団に近似させるための抽出を行うことが望ましいため、ここから抽出する人々の数はなるべく多い方がよいということになる。コストや手間が十分にかけられず、認知度も低いためか、日本のくじ引き民主主義では十分な数の応募者が得られず、二段階抽出をしていない例もあるという。これではくじ引き民主主義の正当性が根幹から揺らぐことになる。さらに、テーマに関する利害関係者を除くといった作業も求められるかもしれない。

第２章で紹介した全国を対象とした「エネルギー・環境の選択肢に関する討論型世論調査」では調査に回答した６８４９名のうち２８６名、札幌圏を対象とした「気候市民会議さっぽろ２０２０」では３０００名への案内状に対して48名の応募（二段階抽出による参加人数は20名）があったと記されている。参加を希望するかどうかは、日程や拘束される時間、謝金の有無などで大きく変化することは容易に想定できる。これは、くじ引き民主主義全体を整合的・総合的に設計しなければならないことを意味する。

③情報の提供（インプット）

くじ引き民主主義の特徴のひとつは、討議と熟議のための材料として、客観的な情報を提供することにある。そもそも参加する人々の知識や意識に大きな差があっては公平ではないし、正しい結論も出せない。課題や問題を作り出している原因は何なのか、その解決法としてどのようなものが検討されてきたのか／いるのか、それが採られるとして、どのような正負の結果がもたらされるのかなどについて、事前と最中のインプットが欠かせないことになる。問題の複雑さなどを考慮した場合、事前に資料などを送付して事前に学習する機会が確保されてもよい。また、事前にアンケートを行い、参加する人々の意識を企画者側が把握し、その後の討議の進行に役立ててもよいだろう。

ポイントは、情報が多角的に提供されなければならないということだ。検討される課題に簡単な回答がなかったり、意見が対立する論点や争点であったりするのであればあるほど、良質な情報の提供が求められる。従って、政治や行政だけでなく、異なる立場をとる専門家からのレクチャーやこれに対する質疑応答は欠かせないし、それを理解するための時間も必要になる。問いが正確であればあるほど、回答も正確になることが予測されるからだ。さらに討議の最中に、判断を下すのに必要な情報が求められれば、速やかに提供できるような体制を整えておくことも必要だろう。

④熟議（検討）

インプットが終われば、次はアウトプットに向けたステップである、熟議が始まることになる。参加人数にもよるが、討議の単位と時間が適切になるように設計しなければならない。余りにも大人数での議論は時間が制約されるし、十分に態度を決めたり、意見を深めたりすることができない。また、討議の時間が短かったり、反対にあまりにも長かったりしても、意味ある議論にはならない。規模や議題によるが、最低でも1日、場合によっては数ヵ月かけてもよいだろう。また、これらは当然ながら主催側の人員や予算に制約されることになる。

このステップで重要なのは、議論の場に参加するファシリテーターもしくはモデレーターの配置である。くじ引き民主主義の有効性は、公平に参加者の意見がいかに出され、そこで見落とされる視点や、投げかけられた問いにいかに適切に答えられているかどうかにかかっている。そのため、発言機会を確保し、議論を誘導しない形で、議事進行を務めるファシリテーターやモデレーターの存在が不可欠だ。近年では、こうした役割を果たすための専門トレーニングが発達し、専門家を派遣する事業も盛んになっているから、その活用が求められる。

また、くじ引き民主主義が公共的な事柄に関わるものである以上、その中身がブラックボックスになってはいけない。第2章でみたアイルランドの憲法改正やフランスの気候変動会議の事例では、討議内容はネットで同時中継されていた。参加者から事前に合意されているか、匿名性が確保できるのであれば、くじ引き民主主義に参加する人々以外も、これを視聴し、場合によっては意見を提出する機会を保証し、それがフィードバックされることがあって然るべきだろう。

⑤投票・意見提出（アウトプット）

最終的には、特定の課題や問題について、参加者の意見を集約し、どのような結論に至ったのかを表明しなければならない。これには様々な形式があり得、単純にイエスかノーかを決める場合もあれば、複数の選択肢を投票によって優先度を付けて出す場合、複数の選択肢をさらに絞り込むために投票を行うことなどが想定される。第2章で紹介したドイツの計画細胞（プラーヌンクスツェレ）は、最後に参加者の意見を集約した形での勧告書を提出する形をとっている。

　もっとも、アウトプットのステップで大切なのは、その後である。少なくない手間暇をかけてくじ引き民主主義を実現して、市井の人々に参加してもらうならば、彼ら／彼女らの意見がどのように活かされたのかを明確にして、その手応えを感じてもらえなければ、こうした試みは広がりを持たないし、何よりも正当性を欠くことになる。意見や勧告の目的が何なのかとともに、それがどのように活かされることになるのか、それが叶わない等の条件は何なのかを予め開示しておく必要がある。

一般的には、くじ引き民主主義にかけられるアジェンダは行政や自治体が決めることになるだろうが、そこで決まった政策や対策をその通りに実施するのか、決定のためにワンクッションを置いて行政に預けるのかによって、大きく意味合いが変わってくることになる。具体的には、くじ引き民主主義から出てきた結論や決定をそのまま反映させるのか、それとも意見集約や意見分布をみて、その後の公的な決定や指針の参考にするのか、ということだ。これはくじ引き民主主義の哲学に関わる部分だ。すなわち、市民の意見をどのように、どこまで実現するのか、できないとしたらそれはなぜなのかを突き詰めておかなければ、くじ引き民主主義を行う意味がない。プラーヌンクスツェレの場合、勧告書提出の1年後に勧告書に対する報告書の公表が役所に義務付けられており、結果についての説明責任がセットになっている。

加えて、意見の分析と参加者に対するアンケートを実施することも求められる。前者は、どのような属性の人がどのような選択を好む傾向にあったのかを事後的に分析し、問題解決に活用するためだ。くじ引き民主主義に参加する人々は社会の縮図であるから、その意見や態度は、社会全体の意識でもある。それを踏まえることで、公共政策に役立てることができるだろう。また、参加しての意見や感想、改善点の提案などは、その後にくじ引き民主主義を設計する上での貴重な指針となるはずだ。

自分を変える勇気と愉しさ

くじ引き民主主義は、まだまだ非公式的な民主的方法だ。ヨーロッパでは自治体で常設された所もあるものの、多くの場合は法的な根拠を持っているわけではなく、行政や市民組織のイニシアティブによって行われるものが多い。様々な名称で呼ばれていることからもわかるように、くじ引き民主主義の手法や方法は、実に多様である。ただ、これは、くじ引き民主主義の弱みというよりは、強みとして考えるべきだろう。くじ引き民主主義の目的に照らし合わせて、設計は柔軟に構想されるべきで、社会の縮図となるような人々の参加を得て、自由な討議を通じて当事者意識を涵養してもらい、庶民感覚からの解決案を提出してもらうという肝を外さなければ、その名に恥じない民主主義が出来上がる。

もちろん、参加する人々の意識も重要だ。自分の意見に固執せず、その場にいる人々を信頼し、確かと思える情報に耳を傾け、自分の態度や意見を変えることを怖がらないことが、くじ引き民主主義を成り立たせるための何よりの必須条件だ。自分が面と向かって話す相手や置かれる環境に信頼がなければ、言語を介した対話や決定は無益となる。偶然に身を委ねて自らが変性することを躊躇《ためら》わず、変性することが愉しいと思えることが、くじ引き民主主義に参加する人々の唯一の参加条件とすら言ってもいいのかもしれない。そう考えると、くじ引き民主主義を成り立たせるための社会を普段から絶えず涵養しておく必要があることこそが重要だとわかる。

思考することの遅さ、遅くなるための思考

先進国での低成長と定常化社会が当たり前となるこれからの世界は、負担やリスクをどのように民主的な形で均等に配分していくのかという、おそらくこれまでの人類史ではあまり経験したことのない局面に入っていくことになる。人間の存在自体が生態系に影響を与えるようになった人新世《ひとしんせい》時代、ＡＩのシンギュラリティ下での労働、情報社会の中の自由と安全、遺伝子情報の管理、生殖医療上の倫理、核拡散の問題、グローバルな人間の移動、国際社会

を安定させる覇権国の不在、南北格差、破綻国家の増加等々、直面している問題は数えきれない。中でも日本は、高齢化と人口減少、労働力不足、過疎化、膨大な財政赤字、インフラの老朽化、潜在的な震災リスクといった複合的な課題を抱えている国だ。

こうした状況では、多くの政策はトレードオフをもたらす。例えば、地球温暖化抑制は人類的な課題だが、これを実現するのに、万人が納得するような方策はない。仮に日本や多くの国が約束しているように、２０５０年の温暖効果ガス排出をゼロにするとしても、そのためには再生エネルギーの比率拡大、原発の活用、生活の利便性の向上の諦めといった、様々な副作用を伴う。イギリスの専門家委員会は、補助金などを通じて２０５０年に脱炭素を実現するには、同国のＧＤＰの15%を割く必要があると試算している。これは、未だ目に見えない成果のために、将来世代のことを考えて、現役世代が負担しなければならないコストだ。しかし、再生エネルギーはすでに欧州で観察されるように電力料金の上昇をもたらすし、太陽光パネルや風力発電機は景観を壊すとして地元で反対運動が起きることもある。原子力発電所の新規増設が、ポスト３・11の時代になって世論から到底受け入れられるわけではない一方で、家庭ではより多くの電力需要が生じている。

コロナ禍では、公衆衛生のために、私権や営業の制限が求められた。さらに有効な対策を講じたいのであれば、他国のように、個人情報を含む形で管理を行い、ルールに違反する市民に刑罰を課すことになるが、これは政府により強い権限を与え、市民生活を脆弱にしてしまう可能性がある。つまり、排出ガス削減や感染症対策という問題だけを取り上げてみても、様々な政策は「あっちを立てればこっちが立たず」、トレードオフの関係に置かれるのが現代社会の抱える課題の特徴だ。

このようなトレードオフの世界が常態化する中では「政策的な解」は存在しない。特定の政策を採用することは、必ず何かを犠牲にすることにつながるからだ。そして、その都度、ネットや街頭、メディアで疑義が出され、民主的な社会であればあるほど、政策は迷走することになるだろう。

だから、もしこうした状況下での正解があるとすれば、それは共同体の構成員がそれをともに作り上げたものなのだ、という納得があるものでしかあり得ない。これは、これまで代表制民主主義だけを民主主義のＯＳとして認めてきた私たちの政治観からは大きく異なるものだろう。確かに代表制民主主義は（たかが2世紀ほどだとしても）歴史的な正統性を持っているし、高度に制度化されたＯＳだ。しかし、このＯＳはもはや古びつつある。くじ引き民主主義は、民主主義により多くの熟慮と、調和と、解を与えることができる。そして、考えながら、自ら答えを作り出していくには時間と手間暇が必要なのだ。こうした決定の仕組みは、ＡＩでパターンが見出されたり、スマートフォンでのアプリのタップひとつで自分の意見を発信したり、世界中に対して一方的に大量の情報と映像を送りつけたりすることのできるインスタントな時代には、時代遅れも甚《はなは》だしいようにみえるかもしれない。しかし解のない問題が山積みになっていく時代に必要なのは、これらをよりじっくり正面から見据え、見知らぬ他人と協働して、知恵を出し合い、ともに意見交換しながら、時間をかけて集合的に解を選択するような民主主義だ。

　くじ引き民主主義にはそれ以上の役割がある。単に市民が討議し、自らの共同体の運命を自らの手で作り上げていくだけではなく、そのことが現在の政治でも可能なのだ、ということを証明してみせる役割だ。これは、別様な民主主義の姿もあり得るということを、実際に自らの経験を通じて体得する貴重な民主主義の在り方でもあるのだ。小学生の職業体験、大学生のインターンシップ、社会人のボランティア経験、壮年期の親体験、熟年期の病気体験など、人は普段と異なる経験や他人との出会いを通じて、新たな気付きや精神的境地に達し、自分の新たな役割を見出していく。これと同じように、政治もまたくじ引き民主主義というイノヴェーションを通じて、その可能性を広げていくことができるに違いないのだ。

あとがき

「危機の時代には、ふと未来が顔をのぞかす」――篠《しの》原《はら》一《はじめ》編『討議デモクラシーの挑戦』（岩波書店）に出てくる、政治学者の故・篠原氏による言葉だ。

2000年代半ば以降、民主主義の危機が本格的に議論されるようになった。ポピュリズムの台頭、権威主義体制の増長、ＡＩ社会の進展、パンデミックの到来等々。事実、いま、ここの民主主義が抱え、直面している課題は根深く、広い。それでも民主主義を打ち捨てたくないのであれば、違う形の民主主義でもってこれに対処するしかないだろう。

民主主義と政治学は、ほぼ同じ時代に生まれたから、両者は切っても切れない関係にある。だから政治学者は、民主主義とは何かを常に念頭に置かざるを得ない。ただ、こう言っては何だが、筆者はいわゆる「民主主義者《デモクラット》」ではない。正確にいえば、民主主義という政治理念だけが、他の（場合によっては対立的な）政治理念と比べて、絶対的に優れているものだとは考えていない。歴史を知る者であれば、民主主義の失敗や逸脱があり、民主主義の理念も実践も、著しく姿を変えてきたことを知っているだろう。だから「民主主義者《デモクラット》」であるということは、実際には何も意味していないに等しい。

　しかし、であるからこそ筆者は民主主義を信じることができる。なぜなら、それは民主的とされるものであれば、時代が要請する時々の課題や困難に対応する、柔軟な政治的理念だからだ。柔軟性と強靭《きょうじん》性こそが、民主主義を現在まで生存させてきた理由のひとつだろうし、あるいは、程度やレベルの違いこそあれ、非西洋世界でも実践されてきた所以だろう。

　違う言い方をすれば、民主主義がそのポテンシャルを発揮し続けるためには、民主主義は常にアップデートされる必要がある。ルソーの「完全な民主主義は誰も目にしたことはないし、これからもないだろう」という言葉、あるいは丸山眞男の「永久革命としての民主主義」は、この民主主義に特徴的な機能を端的に捉えているものではないか。

　そうした問題意識を抱えつつ、筆者がくじ引き民主主義につながる発想を知ったのは、2015年頃のことだった。すでに日本で深刻なものとなっていた地方議会の無投票選挙に対する処方箋として行き着いたのが、それだった。これを北海道地方自治研究所の機関誌『北海道自治研究』で発表し、続けてメールマガジン『αシノドス』で発展させて公表した所、この議論に注目した朝日新聞の塩倉裕《しおくらゆたか》記者がインタビュー記事としてまとめてくれた（「あえて『選挙はくじ引きで』政治学者・吉田徹氏が提言、その意図は」、朝日新聞２０１７年10月20日付朝刊）。印象に残る主張だったのだろう、今でも「くじ引きの話を面白く読みました」と言ってくれる人もいる。さらにヨーロッパの現実政治でのくじ引き民主主義の導入もあって、その後も継続的にくじ引き民主主義についてのインタビューや取材を受けるようになったことが、本書を書く動機のひとつだった。

　執筆のもうひとつの原動力となったのは、こうした過程で知己を得た、くじ引き民主主義を日々実践する人々の姿である。一般社団法人「環境政策対話研究所」の皆さんと代表理事の柳下正治《やぎしたまさはる》氏による、市民を巻き込む形での脱炭素社会に向けての熱心な活動には大変感化されたし、本書でも紹介した「気候市民会議さっぽろ２０２０」も、北海道大学の元同僚、三上直之《みかみなおゆき》氏のイニシアティブなくして実現しなかった。また、日本若者協議会主催の「日本版気候若者会議２０２１」を通じては、年下の友人たちの環境問題に対する主体的な意識と知識欲を目の当たりにした。くじ引き民主主義は、決して未見のものではなかったのである。

「学者の役割とは誰それを応援することではなく、使えるようなアイディアを社会に提案してみることにある」という、哲学者マルセル・ゴーシェの言葉は筆者の座右の銘だ。実践的なアイディアとして、くじ引き民主主義は使えるということをより広く示してみたい、というのも筆を進めた大きな理由だった。

「はじめに」で触れたように、また本書の参考文献で確認できるように、民主主義研究で「くじ引き民主主義（ロトクラシー）」はすでに無視し得ない研究対象になっている。専門家には専門家の世界があり、筆者は政治学でも異なる分野を専門としているため、勢い、自分の専門からの叙述になっている。ここから来る限界を少しでも緩和できれば、という想いもあって、民主主義論を専門とする、尊敬する同業者に草稿を読んでもらうことができた。岡﨑晴輝氏（政治理論、九州大学）は抽選制についての、田村哲樹《たむらてつき》氏（民主主義理論、名古屋大学）は熟議民主主義についての、さらに上述の三上直之氏（リスクコミュニケーション論、北海道大学）は市民会議についての、それぞれ日本を代表するエキスパートであり、各先生から時間を割いてもらって欠かすことのできない貴重な指摘を頂いたことは、感謝してもし切れない。特に岡﨑先生からは、ご自身が主宰されている「民主主義理論研究会」で本書を検討する機会を頂戴し、会員の皆様から貴重なヒントやアドバイスをもらうことができた。さらに、本書で論文を引用した山口晃人氏（政治哲学、東京大学博士課程）からは、草稿に詳細なコメントを寄せていただくなど、多くの方からの有益な助言と批判を頂いたことに御礼を申し上げたい。また、日々、熟議の場を行政に持ち込んで日本の民主主義のバージョンアップに取り組んでいる一般社団法人「構想日本」プロジェクトリーダーの永由《ながよし》裕大《ゆうた》さんからも、数々の事例を紹介いただいた。全ての重要な指摘を反映できたかどうかは心許ないが、それでも本書でのステートメントは、内外の民主主義についてケアする人々の立場の表明にもなっていると自負している。もちろん、本書に誤りがあるとしたら全て筆者の責任である。

∴

この本は筆者がなるべく広い読者に手に取ってもらいたいと意識的に書いた、おそらく初めてのものだ。出版の意義を認めてもらっただけでなく、そのための読みやすさを追求した校正に熱心に取り組んでいただいたのは、日本の民主主義を憂うる一市民でもある光文社新書編集部の田頭晃さんである。光文社新書は、筆者の初めての一般向けの本となった『二大政党制批判論』を世に送り出してくれた出版社でもある。そのような縁を得られたことに感謝したい。

最後に私事ではあるが、縁あって筆者は２０２１年春から同志社大学政策学部に奉職することになった。そこで、本書は吉田ゼミの一期生になることを勇気を持って選択してくれたゼミ生諸氏に捧げることにしたい。彼らや彼女らが、偶然からなる人生の与える自由と責任を謳歌《おうか》できることを心から願っている。

２０２１年10月　初秋の京都にて

吉田　徹

参考文献

イアン・バッジ『直接民主政の挑戦』（杉田敦ほか訳）新曜社、２０００年

宇野重規・田村哲樹・山崎望『デモクラシーの擁護』、ナカニシヤ出版、２０１１年

ウルリッヒ・ベック『危険社会』（東廉・伊藤美登里訳）法政大学出版局、１９９８年

ウルリッヒ・ベック、アンソニー・ギデンズ、スコット・ラッシュ『再帰的近代化』（松尾精文ほか訳）而立書房、１９９７年

エネルギー・環境の選択肢に関する討論型世論調査実行委員会『エネルギー・環境の選択肢に関する討論型世論調査』２０１２年

大澤真幸『自由という牢獄』岩波現代文庫、２０１８年

岡﨑晴輝「選挙制と抽選制」『憲法研究』第５号、２０１９年

小熊英二『社会を変えるには』講談社現代新書、２０１２年

山岡龍一・岡﨑晴輝編著『市民自治の知識と実践（改訂版）』放送大学教育振興会、２０２１年

柄谷行人『日本精神分析』講談社学術文庫、２００７年

気候市民会議さっぽろ２０２０実行委員会『気候市民会議さっぽろ２０２０ 最終報告書』２０２０年

キャロル・ペイトマン『参加と民主主義理論』（寄本勝美訳）、早稲田大学出版部、１９７７年

クラウス・オッフェ『後期資本制社会システム　資本制的民主制の諸制度』（寿福真美訳）、１９８８年
佐藤卓己『輿論と世論』新潮選書、２００８年
佐藤徹「市民討議会——実践及び研究の動向・課題・展望」『地域社会研究』第26号、２０１６年
サミュエル・P・ハンチントン『第三の波　20世紀後半の民主化』（坪郷実ほか訳）三嶺書房、１９９５年
C・B・マクファーソン『民主主義理論』（西尾敬義・藤本博訳）、青木書店、１９７８年
J・S・ドライゼク『地球の政治学』（丸山正次訳）風行社、２００７年
ジェイムズ・S・フィシュキン『人々の声が響き合うとき』（曽根泰教監修、岩木貴子訳）、早川書房、２０１１年
篠原一『市民の政治学』、岩波新書、２００４年
篠原一編『討議デモクラシーの挑戦』岩波書店、２０１２年
シャルル・ド・モンテスキュー『法の精神』（井上堯裕訳）中公クラシックス、２０１６年
ジャック・ランシエール『民主主義への憎悪』（松葉祥一訳）、インスクリプト、２００８年
ジョン・ギャスティル、ピーター・レヴィーン編『熟議民主主義ハンドブック』（津富宏ほか監訳）現代人文社、２０１３年
ダーヴィッド・ヴァン・レイブルック『選挙制を疑う』（岡﨑晴輝・ディミトリ・ヴァンオーヴェルベーク訳）法政大学出版局、２０１９年

脱炭素社会への転換と生活の質に関する市民パネル実行委員会『脱炭素社会への転換と生活の質に関する市民パネル政策関係者のための報告書』２０１９年
田村哲樹『熟議民主主義の困難』ナカニシヤ出版、２０１７年
東京青年会議所『２００５年度千代田区委員会事業 みんなでつくる行政のかたち』東京青年会議所千代田区委員会、２００５年
長野基「日本の基礎自治体ガバナンスにおける無作為型市民参加の研究」『年報政治学』第２号、２０１４年
橋場弦『民主主義の源流 古代アテネの実験』講談社学術文庫、２０１６年
福地健治「ドイツにおける住民投票とプラーヌンクスツェレの現在」『都市計画論文集』第55巻第３号、２０２０年
プラトン『法律』〈上・下〉（森進一ほか訳）岩波文庫、１９９３年
ペーター・Ｃ・ディーネル『市民討議による民主主義の再生』（篠藤明徳訳）イマジン出版、２０１１年
ベンジャミン・Ｒ・バーバー『ストロング・デモクラシー』（竹井隆人訳）日本経済評論社、２００９年
マイケル・サンデル『実力も運のうち』（鬼澤忍訳）早川書房、２０２１年
前田洋枝「自治体の計画策定への市民参加における市民討議会の可能性」『アカデミア』第９号、２０１５年
松井亮太「原子力政策の意思決定と討議デモクラシー」『日本原子力学会和文論文誌』第19巻３号、２０２０年
松尾隆佑『ポスト政治の政治理論』法政大学出版局、２０１９年

丸山眞男『新装版　現代政治の思想と行動』未来社、２００６年

三上直之「気候変動と民主主義：欧州で広がる気候市民会議」『世界』６月号、２０２０年

山口晃人「ロトクラシー」政治思想学会編『政治思想における知性と教養（政治思想研究第20号）』２０２０年

山崎望・山本圭編『ポスト代表制の政治学』ナカニシヤ出版、２０１５年

山本圭『現代民主主義』中公新書、２０２１年

Abbas, Nabila and Yves Sintomer, “Les trois imaginaires contemporains du tirage au sort en politique : démocratie délibérative, démocratie antipolitique ou démocratie radicale ?” *Raisons Politiques*, vol.82, no.2, 2021.

Buchstein, Hubertus and Michael Hein “Randomizing Europe: the lottery as a decision-making procedure for policy creation in the EU” in *Critical Policy Studies*, vol.3, no.1, 2009.

Blondiaux, Loïc, *Le nouvel esprit de la démocratie*, Seuil, 2008.

Elster, Jon (ed.) *Deliberative Democracy*, Cambridge University Press, 1998

Fishkin James S. and Peter Laslett (eds.) *Debating Deliberative Democracy*, Blackwell Publishing,2003.

Goodin, Robert E., *Innovating Democracy*, Oxford University Press, 2012.

Guerrero, Alexander A., “Against Elections,” *Philosophy & Public Affairs*, vol.42, no.2, 2014.

Lafont, Cristina, *Democracy without Shortcuts*, Oxford University Press, 2019.

Landemore Hélène, *Open Democracy*, Princeton University Press, 2020.

Manin, Bernard, *Principes du gouvernement représentatif*, Flammarion, 2019.

Norris, Pippa, *Critical Citizens*, Oxford University Press, 1999.

OECD, *Innovative Citizen Participation and New Democratic Institutions*, 2020

Pateman, Carol, “Participatory Democracy Revisited”, *Perspectives on Politics*, vol.10, no.1, 2012.

Shiota, Jun, “The Rise and Fall of the Icelandic Constitutional Reform Movement: The Interaction Between Social Movements and Party Politics”, *Journal of International Cooperation Studies*, vol.27, no.1, 2019.

Sintomer, Yves, *Petite histoire de l’expérimentation démocratique*, La Découverte, 2011.

Tsujinami, Shiho, “The middle-aged, the male, and the privileged? Politics of poorer- and over-representation in Japan,” Bachelor Thesis submitted to Hokkaido University, Faculty of Law, 2020.

目次・章扉・図版デザイン　椚田祥仁

吉田徹（よしだとおる）

1975年東京都生まれ。同志社大学政策学部教授。慶應義塾大学法学部卒。東京大学大学院総合文化研究科博士課程修了（学術博士）。日本貿易振興機構（JETRO）パリ・センター調査担当ディレクター、パリ政治学院招聘教授、ニューヨーク大学客員研究員、北海道大学法学研究科教授などを経て現職。著書に『アフター・リベラル　怒りと憎悪の政治』（講談社現代新書）、『感情の政治学』（講談社選書メチエ）、『「野党」論　何のためにあるのか』（ちくま新書）、『ポピュリズムを考える　民主主義への再入門』（NHKブックス）、『ミッテラン社会党の転換　社会主義から欧州統合へ』（法政大学出版局）など多数。

くじ引《び》き民主主義《みんしゅしゅぎ》　政治《せいじ》にイノヴェーションを起《お》こす

2021年11月30日初版1刷発行

著　者 —— 吉田徹
発行者 —— 田邉浩司
装　幀 —— アラン・チャン
印刷所 —— 堀内印刷
製本所 —— ナショナル製本
発行所 —— 株式会社光文社
東京都文京区音羽1-16-6（〒112-8011）
https://www.kobunsha.com/
電　話 —— 編集部03(5395)8289　書籍販売部03(5395)8116
業務部03(5395)8125
メール —— sinsyo@kobunsha.com

　ISBN 978-4-334-04572-2

1166
なぜ中学受験するのか?
おおたとしまさ

やり方次第で「良薬」にも「毒」にもなるのが中学受験。気鋭の教育ジャーナリストが膨大な取材経験と古今東西の文献から導き出した、中学受験の是非論へのファイナルアンサー。

978-4-334-04573-9

1167
毛
生命と進化の立役者
稲葉一男

えっ!? 脳の中の毛? ウイルスから守る毛? CO_2で止まる毛?「細胞の毛」研究三〇年のスペシャリストが、生き物や自然、そして私たちの命を支える驚くべきミクロの世界を綴る。

978-4-334-04574-6

1168
肥満・糖尿病の人はなぜ新型コロナに弱いのか
「糖質過剰」症候群II
清水泰行

新型コロナのパンデミックや病状悪化の要因となると考えられる糖質の過剰摂取。本書では糖質過剰が新型コロナだけでなく数多《あまた》の疾患の原因となる理由を、最新研究を交え伝える。

978-4-334-04575-3

1169
人生を変えた韓国ドラマ 2016~2021
藤脇邦夫

「愛の不時着」「梨《イ》泰《テ》院《ウォン》クラス」「賢い医師生活」「イカゲーム」など世界を席巻するKコンテンツの一つとなった韓国ドラマ。その深い魅力を傑作80選とともに徹底解説!

978-4-334-04576-0

1170
不登校・ひきこもり急増
コロナショックの支援の現場から
杉浦孝宣+NPO法人高卒支援会

コロナ禍で不登校・ひきこもりの子どもたちは増えただけでなく、可視化されづらくなった。リアルとオンラインを駆使することで前よりもパワーアップした支援現場の知見を学ぶ。

978-4-334-04577-7